约伯记讲解

属肉的人
属灵的人

（下）

李载禄博士

本书所引圣经经文取自

《现代标点和合本》

约伯记前言

旧约《圣经》分成"律法书"、"先知书"和"圣录"三个部分。"律法书"就是摩西写的五经,是关乎人类起源和律法、献祭的教训;"先知书"涉及以色列的历史变更,以及先知的行迹和教训;而"圣录"则是关乎古代以色列的人生、智慧文学。

约伯记是"圣录"的其中一本。表述的是人生的苦难和神的旨意以及约伯的信仰。约伯这个名字据传有"回转的人"或"哭号的人"之意,但众说纷纭,真正的意义则不清楚。

约伯住的地方叫做乌斯,大约是在伊拉克与沙特阿拉伯的边界地带。有些学者认为约伯是文学作品中虚构的人物。但约伯的确是实际存在的人,《圣经》很仔细地告诉我们他住在哪里? 他有几个儿女? 有多少财产?

以西结、挪亚和但以理都是历史上真实的人物,《圣经》也告诉我们约伯是历史上真正存在过的人(以西结书14章14节; 20节)。新约的雅各也提到约伯的忍耐(雅各书5章11节)。

约伯记词汇量庞大丰富,许多词汇在其它旧约《圣经》书卷中从未出现。同时,约伯记涵盖了一些很有深度的主题,包括天文学、地质学、动物学、海洋学、采矿学、旅行和法学等。约伯记堪称是世界文学杰作。

畅解人生问题，
引人成圣的智慧书

约伯记是《圣经》中难解的经卷之一。一般来说，人们对约伯记的理解是这样的：约伯正直、完全，然而神无缘无故使他受撒但的试探，但他没有埋怨，通过了所有的试探，从而得到是先前双倍的赐福。但只靠这么肤浅的了解，我们就不可能真正解开约伯记所引发的诸多疑问。

我从信耶稣开始，渴慕全然了解并遵行神道的愿望尤为迫切。于是我向主祷告，求主亲自为我解释《圣经》。为此我付出无数次的禁食祷告，历经七年，神终于应允我所求的。神使我在圣灵的感动中领受祂的启示，一一为我解开每句难解经文，其深邃之灵意，令我倍感欣喜。

约伯记对人心有细致入微的剖析，挖掘我们本性里的恶，显露深层的内心状态，因而使我们可以认识自我。最后，我们可以透过约伯记认清我们自己是属肉的人还是属灵的人，而且也透过这卷书能够领会成为属灵人的方法。"肉"是指改变的、不属真理的、属黑暗的俗世，而"灵"则是指真理、不变的、永恒的、光明的境界。

我从1986年12月开始，在周五的彻夜礼拜传讲主所教导我的约伯记。整整六年之久，直到1992年12月11日才告一个段落。我在传讲约伯记的时候，很多圣徒们因听到了信息而醒悟自己身上存在的问题，就照着真理破碎自我，生命发生了显著的改变。

约伯记蕴含着深邃的灵意，若不靠圣灵的感动解经，就不能完全领悟其中的实意。这卷书里面巧妙地回答了人生面对的诸多问题，也详细地讲解了神、人、撒但这三角关系中隐藏的属灵法则。约伯记列举了许多重要的人生课题，涉及范围极广，包括肯定之告白的重要性和信仰者的处世之道，以及蒙福的路径等。

神通过约伯这个实存人物，循序渐进地告诉我们神怎样在我们的生命中作工，好叫我们发现并解决自己的问题。约伯记如实留下了他与他的朋友的对话，故而其中有真理，也有非真理。我们惟有用神真理的话语去衡量，才能鉴定分辨出是非对错。

若我们彻底读懂了约伯记，我们便能得着智慧和能力，使我们胜过一切人生的问题和苦难。

我要感谢诗人李恩美女士，她把我的文稿汇编为约伯记讲解，同时感谢基督徒新闻社出版了这本书。我更要满心感谢父神，将一切荣耀归给祂，是祂让我们能把这本书出版。

我奉主耶稣基督的圣名为所有的读者祝福，愿所有读者们都能从这本书得到天国的盼望，并能领受灵魂兴盛，凡事兴盛，身体健壮的祝福。

2007年春天
李载禄博士

目录

属肉的人，属灵的人（下）

目录

属肉的人, 属灵的人(下)

第二十一章

约伯误解神是祝福恶人的神

他们的家宅平安无惧，神的杖也不加在他们身上。他们的公牛孳生而不断绝，
母牛下犊而不掉胎。(21章9-10节)

1. 巴望恶人遭报的心

> 约伯回答说："你们要细听我的言语，就算是你们安慰我。
> 请宽容我，我又要说话。说了以后，任凭你们嗤笑吧！我岂
> 是向人诉冤，为何不焦急呢？（约伯记21章1-4节）

就现时的处境而言，约伯最需要的是别人的抚慰，然而朋友
们一反前来安慰约伯的初衷，不停地攻击刺伤约伯。于是约伯说：
"你们要细听我的言语，就算是你们安慰我。"

约伯为了证明自己的清白费尽了唇舌，朋友们依然无动于衷，
反而以更加尖刻的言辞向他猛攻。约伯心里很难过，甚至觉得朋友
们在嗤笑他。约伯正在承受着巨大的试炼，加上朋友们对他刻毒
的污蔑，约伯感觉到自己的心被撕得鲜血淋漓。

从这段经文中可以看出，约伯虽称认识神，却仍沉溺于痛苦和
愁烦之中。非但约伯如此，他的朋友们也不例外。

在有信仰的人当中我们可以看到这样一群人，虽然过着信仰
生活，心里却没有平安。

耶稣说："凡劳苦担重担的人，可以到我这里来，我就使你们
得安息。我心里柔和谦卑，你们当负我的轭，学我的样式，这样，
你们心里就必得享安息。因为我的轭是容易的，我的担子是轻省
的。"（马太福音11章28-30节）

那么，为何有的人对信仰生活感到吃力呢？

我们只要一心遵从真理，信仰生活就一点都不觉得难了。只要活出神的道，全知全能的神必作我们随时的帮助，便根本不会觉得吃力了。即使遭人唾弃辱没，若能以仁爱与善德去宽恕和包容对方，心里就不会有争战，所以能够常享安息。

有的人觉得信神很难，原因在于不肯遵行神的律法。因为不肯遵守神的律法，所以总是摆脱不了忧苦、愁烦的阴翳。他们不愿顺从神的律法，倒是乐意随从肉体意念的安排，从而觉得信仰生活很苦很累。人若效法耶稣基督的心，心里充满基督的爱，岂有忧苦可言呢？

这好比作操场上有两个人赛跑，一个人胸前抱着块大石头负重跑，一个人则轻身跑。轻身跑的人跑起来不怎么费力，但那负重跑的人则必汗流满面，甚是费劲。我们心里若有如石坚硬的诸多的恶，信仰历程自然就会感到吃力。

这种石头般坚硬的恶心，我们当用真理之光，用如两刃利剑般神的道去攻破摧毁。要作成心里的割礼，除净一切的恶，成为圣洁。若从心里除去猜忌、嫉妒、憎恨、骄傲、虚假、恼怒、偷盗、奸淫等一切恶，就没有理由愁苦犯难。

第4节里，约伯反问朋友们：我诉冤又不是对着你们的，你们何必用刻毒之言刺痛我？

约伯心里焦急得很，而且愈演愈烈，因为他要辩驳朋友们的话，争得他们的理解；要对朋友们吐露真情，证明自己的清白无辜。

我们常见到这样一群人，别人的话不合自己的意，就心急如焚，竭力要用自以为是的观点去说服对方，使对方折腰服气。

　　性急的人遇事会捶胸慨叹，恨铁不成钢；若是无论怎样解释，对方仍不接受不理解，便越发急躁。约伯说："说了以后，任凭你们嗤笑吧！"因为他知道自己无论怎样辩白，也是抵不过朋友们变本加厉的责难。

　　你们要看着我而惊奇，用手捂口。我每逢思想，心就惊惶，浑身战兢。（21章5-6节）

　　这里约伯在解释自己焦急的苦衷。——"我所发的怨言，不是对着你们的，乃是因受委屈，是在向神诉冤。我不得不向神追问，因为我平生建立的功名毁于一旦，我岂能不悲痛！你们却如此看待我，烦扰我，折磨我，把我推进痛苦的深渊，令我心急如焚，这到底是何故？"

　　约伯是个聪明人，不会轻易输给朋友们。他先说明自己正当的立场之后，为推翻朋友们的话，开始施展他的策略。

　　之前约伯的朋友们谴责约伯为不敬虔的人、被神咒诅的恶人，只有死路一条。约伯觉得唯独粉碎他们这种说法，方能建立自己的正当性，便先为自己辩白，为下一步的策略埋下伏笔。

　　恶人为何存活，享大寿数，势力强盛呢？他们眼见儿孙和他们一同坚立。他们的家宅平安无惧，神的杖也不加在他们身上。他们的公牛孳生而不断绝，母牛下犊而不掉胎。他们打发小孩子出去，多如羊群，他们的儿女踊跃跳舞。他们随着琴鼓歌唱，又因箫声欢喜。他们度日诸事亨通，转眼下入阴间。（21章7-13节）

"朋友们，你们不是说因为我这个人是不敬虔之辈，是十恶不赦的恶人，所以神对我下了如此严厉的咒诅吗？那么我问你们：如果神真的活着，为何恶人健康长寿，势大力强呢？他们的儿孙与他们一同发达，他们的家宅幸福平安，他们的儿女兴旺发达，这不是有目共睹的事实吗？"

约伯说恶人反而诸事亨通，家道繁盛，人丁兴旺。

"恶人的家宅平安无惧，神的咒诅也不临到他们身上。他们的公牛孳生而不断绝，母牛下犊而不掉胎，牲口家畜日渐繁盛！"

意思是：恶人诸事亨通，凡事兴盛——务农的田间丰产；经商的生意兴隆。

第11节说："他们打发小孩子出去，多如羊群，他们的儿女踊跃跳舞。"这是什么意思呢？

牧羊人对羊群的呵护是无微不至的——把羊群引到青草地，可安歇的水边，悉心呵护群羊免遭危险。逢阴雨寒凉的天气，牧人就把羊群引到和煦的阳光普照的草地，使其安稳繁衍生息，长得壮实肥美。

在以善人自居的约伯看来，恶人的儿女如同牧人呵护下的群羊，衣食无忧，逍遥自在。他们财物丰裕，尽情宴欢舞乐。约伯说他们终日鼓瑟弹琴，欢歌笑语，一生和乐安康，诸事亨通顺利，直至寿满命终而安然转入阴间。

约伯是在借用比喻对朋友们旁敲侧击，他想对朋友们说"你们是恶人"，但这必然招致他们蜂拥夹击，于是用比喻来陈明他的理。其实约伯是想这样说的：

"尽管你们是恶人，你们的儿女却仍幸福安康地度日，你们的牲畜日趋孳生繁茂。你们虽然是恶人，却是照样家道兴旺。"

约伯借用比喻斥责自己的朋友们。

他们对神说：'离开我们吧！我们不愿晓得你的道。全能者是谁，我们何必侍奉他呢？求告他有什么益处呢？'看哪，他们亨通不在乎自己，恶人所谋定的离我好远。（21章14-16节）

若有人对不信神的人当中那些生活富裕，儿女安康的人，传道说："信耶稣会蒙福。"很少有人接受。告诉他们有天国和地狱，他们会说"那要等死了才知道"，不愿听取神的道。

"嘿！世界上哪里有神？某某人倒是每天不停祷告，怎么生意还不如我好？我就是不祷告，不是照样亨通无忧吗？……哪里有神啊？与其信神，还不如信我的智慧、信我的手腕！"

约伯清楚知道朋友们所享受的福乐，不是靠他们的双手得来的。约伯言中之意是：神的意旨或是这样，或是那样，不能一概而论。我不是恶人，却因神意旨的安排，如今落得这般惨境。

也就是说：这世界上有很多恶人，他们的道路是亨通的，他们虽然行恶，却不受咒诅。你们就是同类。因此，你们与我约伯不是一个境界的人，我羞于与你们为伍。

2. 发现心里的恶

在此分三个方面查考约伯的负面心态，借以为鉴发现自己心里的恶。

第一，对恶人的亨通心怀不平。

见恶人享长寿、居平安，就心有不甘。人有这样的心态，本身就是自己心恶的明证。

神吩咐我们要爱仇敌。如果巴望恶人受咒诅，遭败落，这是邪心恶念。看见恶人的亨通就心生嫉妒，愿他垮败，咒他不幸，就是因心里有恶的缘故。耶稣爱众人，从未恨过一个人。

第二，巴望恶人遭报。

因恶人的子孙后代平安度日而心怀不平。

这是对恶人没有受到相应的惩罚而不满的情绪。这是好给人定罪，巴望人遭报的心态。

第三，见恶人平安怀屈愤懑。

见到恶人非但不受神的咒诅，反而诸事亨通而感到沮丧。

他们认为自己因遵行神的话，不说谎、不骗人，努力正直为人的缘故，经常受亏损，该成的事也不成。他们对神犹疑不定，造成经常悲观失落，伤心难过，甚至向神抱屈发泄。

我们若有上述的心态，就当知道心里还有恶，与这经卷上的几个人物一样败坏。

恶人的亨通与我们何干？其中必有神的旨意，我们不必也不该恨恶他们。若是心生恨意，便是心里有恶的明证，必须把这恶除掉，方能得神的喜悦。在论断别人为恶人之前，应当先省察自己心里是否有恶。

恶人的灯何尝熄灭？患难何尝临到他们呢？神何尝发怒，向他们分散灾祸呢？他们何尝像风前的碎秸，如暴风刮去的糠秕呢？（21章17-18节）

一直讲论恶人反而亨通的约伯，这下又说起相反的话："恶人的灯何尝熄灭？"

"恶人的灯熄灭"是指恶人的产业倒闭、家道败落，没有平安、没有和睦，面对的只有困苦、咒诅和疾患，落得约伯一样的处境。

灯火熄灭，亦指生命的提早终结。大风一吹，碎秸腾空飞散；

暴风一刮,糠秕一扫而光。这里"暴风"指的是有神权威的强烈的咒诅。碎秸和糠秕是指恶人。

约伯是在说:"朋友们啊,你们洗耳恭听。你们谁见过恶人遭灾遇难吗?谁见过神的烈怒发起,恶人如碎秸被大风吹散,如糠秕被暴风消没吗?就算见过,也是极为罕见。恶人兴旺发达、长寿安康、子孙满堂,事业繁盛,诸事亨通,难道这不是现实吗?"

那么,恶人为何如约伯所言兴旺发达呢?

"亲爱的弟兄啊,有一件事你们不可忘记,就是主看一日如千年,千年如一日。主所应许的尚未成就,有人以为他是耽延,其实不是耽延,乃是宽容你们,不愿有一人沉沦,乃愿人人都悔改。"(彼得后书3章8-9节)

如果恶人行恶,神即刻咒诅并降罚,那么这世界就没有一人可以存活。神若没有耐心,有罪即报,有谁能够漏网偷生呢?

"神为何不咒诅恶人?"人若心生这种念头,这本身就是恶。神之所以对人恒久忍耐,是因为祂不愿一人沉沦,乃愿万人悔改,领受救恩。

我们看到约伯智慧的一面,也可以看出其昏聩的一面。神说"不要把圣物给狗,也不要把你们的珍珠丢在猪前,恐怕它践踏了珍珠,转过来咬你们"(马太福音7章6节)。然而约伯却跟恶人对抗,争辩。因为不明白神的真理,约伯与朋友们展开无聊的辩论,彼此显露心中的恶。

3. 约伯自作审判官指教神

你们说：神为恶人的儿女积蓄罪孽。我说：不如本人受报，好使他亲自知道。愿他亲眼看见自己败亡，亲自饮全能者的忿怒。（21章19-20节）

约伯记所记录的是约伯和他的朋友间的对话。因此有的内容是真理，有的内容是谬论。

故我们读约伯记的时候，应当正确分清神的道和人的话。作为传道人若将约伯记里出于人意的言辞当作神的话语去误导羊群，后果将不堪设想。

从这段经文的内容看，约伯认为神"为恶人的儿女积蓄罪孽"，叫无辜的儿女们遭到报应，却不直接惩罚恶人。这样，约伯把神说成是"乖戾专横"的神。约伯的意见是：神应当直接降罚于作孽的人，使其能够省悟其罪。这是约伯自作审判官，指教这位至圣的神。

然而事实上并非如此。虽然神忍耐恶人的犯罪，但其罪孽积多以至满盈，神会在那一代报应当事人，并不向其子女追讨。当然，即使是恶人，只要悔改归正，也必蒙神的饶恕。那么，约伯说此话的用意何在？

十诫的第二诫中提到：拜偶像、恨神的，神必追讨他的罪，自父及子，直到三四代（出埃及记20章5节）。此话我们不能误解。

神愿万人得救，不愿一人沉沦，针对恶人，祂恒久忍耐等侯他们的悔改。即使是罪大恶极的人，只要他悔改归正，神必予以宽恕。然而也有至于死的罪，包括亵渎圣灵、干犯圣灵等罪。犯这等罪的人，欲要悔改而无门径，永远与救恩绝缘。

假如父亲是恶人，作恶多端；儿子是善人，遵行真理，那么，神会不会将父亲的罪孽报应在儿子身上呢？当然不是。因为神是公义的神。

若是父亲作恶多端，却不改过自新，后来死了，儿子又重蹈父亲的覆辙，专行恶事，结果会怎样呢？这邪恶的儿子既要承受自己的罪果，又要承担父亲的罪孽。要知道无休止的积蓄恶行，最终殃及的是子孙后代。

因此，行恶的人定要速速回心转意，远离恶道。大卫犯罪时，神岂不是接走了他心爱的儿子吗？

神有时对恶人施以管教，有时则不，反而忍耐。下面针对这个问题进行探讨。

撒但向神控告约伯，神就允准约伯受熬炼。撒但的指控有一定的理由，神的允准，也有相应的原因。我们遭遇试探、患难或熬炼，原因在于违背真理而行，遭仇敌魔鬼、撒但的指控。

神对蛊惑夏娃摘吃善恶树果的蛇，下了一道咒诅——用肚子行走，终身吃土（创世记3章14节）。这里"土"从灵意上讲，意味着用土所造的人。人的肉体终归尘土。"蛇"，就属灵的意义而言，是指仇敌魔鬼、撒但。

故仇敌魔鬼、撒但吃"属血气的人"为生，这里"血气"的灵意是：人顺着情欲所行的非真理，即指罪行或不法的事，包括嫉妒、恼怒、杀人、奸淫等罪性在行为上呈现的一切罪行。《圣经》将这一切罪行统称为"情欲的事"。当人不遵行神的话语时，仇敌魔鬼、撒但就会向神控告他，神于是允准撒但的试探。

有的人明知是罪却继续故犯。人的罪孽日积月累，最终到了神不可饶恕的地步，神便定意将他交给撒但。

纵观世界历史和我国历史，国君作恶多端，神就藉着百姓审判国君。

第20节说："愿他亲眼看见自己败亡，亲自饮全能者的忿怒。"

意思是：恶人应当自食罪果，要亲身担当神的责罚，亲眼看见自己败亡。神若是全能者，就应使其自饮神的忿怒，好使恶人幡然醒悟：神是何等严厉可畏的神。

我们若是心里有恶，见到一个行恶的人受到惩罚，遭遇不幸，就会心觉畅快。看到对方遭殃、败落，就心里称快，这是心里有恶的见证。这样的恶，务必要从心里除去净尽。

神不愿一人沉沦，故祂恒久忍耐，千年如一日，一日如千年。对神如此这般的慈心，约伯茫然无知，却随着自己的恶，论断神，定神的罪，断神为不义。

4. 约伯以恶人的下场为例反驳朋友之言

他的岁月既尽，他还顾他本家吗？神既审判那在高位的，谁能将知识教训他呢？（21章21-22节）

这里"他的岁月既尽，他还顾他本家吗？"是什么意思呢？

是说对恶人奸邪的行径，神若不立即惩治，待到恶人岁月既尽到头，亦即等他寿数已尽，断气身亡之后再降罚于其家又有何用呢？无人醒悟这是对恶人的报应，这有什么意义？约伯认为神应当立即惩治恶人，让他们知道神是活神，是严厉可畏的至尊者。

如今这世代也相仿，看见作恶的人，有人会说："神啊，这不公道。这等恶人你怎能不管教而任其所为呢？你若是对他们的恶行立即严惩以对，天下恶人不就绝迹了吗？……"

然而，靠拘留和惩罚无法使恶人减少。强力压制必然招致更加疯狂的对抗，违背"以善胜恶"的至理真道；压制和对抗必然导致两败俱伤。

第22节里约伯说："神既审判那在高位的，谁能将知识教训他呢？"神非但审判高位的，也审判低微的；祂审判天下所有的人。可是约伯为何这么说呢？

此时约伯对神满腹牢骚，对神讽刺和挖苦。约伯觉得自己是"高位"者。他知道若说神把他这高贵的人给彻底击垮了，朋友们岂不又要齐来发动猛攻！

"约伯，你实在令人啼笑皆非，你算什么高位者？算什么义人？殊不知自己罪孽何等深重。"

针对这样的朋友们，约伯避免直言相对，他用隐喻的方式表达自己的意见。

"高位的"是指什么人呢？是指有权有势，博学多闻，资财丰盛的人。约伯自以为是深孚众望的尊者。

然而神却将他这样博学富足位高权盛的人一举摧垮，推进这般绝望的窘境，对这样的神还有什么可理论的余地！明摆着谁理论谁吃亏。

约伯不敢直言，便间接地吐露自己心里的怨情。

约伯迂回地倾吐自己扭曲的心态，宣泄对神的抱怨情绪，以证明自己清白无辜。

"据我看来，神善待恶人，使其兴盛。所以我不是恶人。你们说我如此败落，乃因我是恶人的缘故，这纯粹是无稽之谈。这些不都是不公平的神一手造成的结果吗？恶人行恶，神理当就地惩治，但我看神非但不管教你们，反而使你们越发兴旺。神哪里有公道可言呢？"

5. 约伯对属灵世界的无知

有人至死身体强壮，尽得平靖安逸。他的奶桶充满，他的

骨髓滋润。有人至死心中痛苦，终身未尝福乐的滋味。他们一样躺卧在尘土中，都被虫子遮盖。（21章23-26节）

现实生活中确实有这样的人，健康长寿，无忧无虑，富足有余，一生太平。"奶桶充满"、"骨髓滋润"是指工作舒心，事业有成，生活富裕。

有的人不信神，也不按真理生活，但仍诸事亨通，兴旺发达。恶人兴旺，我们周遭也不乏其例。

反之，有的人至死承受苦痛的煎熬，终其一生也未尝到福乐的滋味。

或许有的人这样想："约伯真是个通情达理的人！他的心思怎么与我如此相似呢？我虽然虔诚信神，努力行善，却仍困难重重，但看邻家某某常以欺哄诈骗等不正当手段去敛黑财，事业却依然兴旺。这岂能说是公道呢？"

然而，约伯的话其实很不合乎情理。物质贫乏的人并不都在痛苦中度日，也有乐观积极，在贫苦中照样饱享幸福的人。但凡对天国有指望的人，即使不富裕也能心存感恩与喜乐，幸福地度日。

我初信的时候曾经从事过体力劳动。当时一贫如洗，朝不保夕——粮按顿记，米按斗买，一天一天勉强维命。虽然贫穷，但因相信永活的真神，得以在喜乐中度日。妻子赞美之声从不离口，从不为明日担忧，天天感恩满怀。

开拓教会之前，无一间像样的房间可以住，一家人挤在木地板房（无暖炕的简易屋）的一间小屋子里生活，依然是幸福洋溢。生活虽很拮据，但凡有客来访，我们都热情款待，逢遇困苦之人便以爱心帮补，生活十分幸福快乐，世上几乎无所羡慕。

穷乏之中也能常常喜乐，是因我心中有天国。我的心中惟有对天国的盼望，对世界的留恋已是荡然无存。那么，我们应当沉思：痛苦的原因在哪里？这取决于我们自身的态度。当遇到某种问题时，感觉好像大难临头，为此忧心挂虑，焦躁不安，则会使问题越发扩大。

因有负面的想法，造成心理压力，导致消化不良、胃病、神经衰弱等各种疾病；稍微触及敏感部位，情绪就爆发，为无关紧要的琐事大打出手……这些是谁造成的呢？是神催使的吗？

都是自己造成的。忧心挂虑，对解决问题毫无帮助。神说"在患难之日求告我，我必搭救你"。若是专心信靠神，向神呼求祷告，神必使万事都互相效力，使问题得以化解。总之，痛苦的根源就在于人自己。

第25节里，约伯向朋友们表示自己"终身未尝福乐的滋味"。因为约伯将福乐的标准放在属世的层面上。凡信神的人都知道属灵的福气是最重要的。这属灵的福气就是灵魂兴盛。神向我们应许：灵魂兴盛的人，必蒙凡事兴盛，身体健壮的祝福。

约伯继续述说神的"不公道"。

"据我看来，不论善人恶人富人穷人，人死了都一样：躺卧在尘土中，一样蛆虫满身。显然神是不公平的。"

约伯并未论及灵魂的层面，而只说明属肉世界的表面现象。

《圣经》称信徒的死为"睡了"，而非"死了"。因为人的灵魂是永不消灭的。

不信神的人，肉体终必归于尘土，灵魂则必下入地狱。从属灵的角度看，恶人和善人的区别在于：一个属天，一个属地。表面上看，善人和恶人的人生结局是一样的——都要葬于尘土，腐烂生虫。然而两者灵魂的归宿则是天差地别——善人归天国，恶人入地狱。约伯称两者没有区别，完全是出于灵里的无知。

雅各书4章11-12节说："弟兄们，你们不可彼此批评。人若批评弟兄，论断弟兄，就是批评律法，论断律法。你若论断律法，就不是遵行律法，乃是判断人的。设立律法和判断人的，只有一位，就是那能救人也能灭人的。你是谁，竟敢论断别人呢？"

我们是遵行律法的，而非执行律法判断人的。神是律法的设立者，是能救人也能灭人的。

然而，约伯和朋友们胆敢揣度神，论断神，甚至教训神。遵行律法的人，倒站在审判官的位置，胆敢教训审判主。这就是神允准约伯受试炼的原因所在。

我们并非生来就领受神道的教导成长的。

是通过世上的各种传媒和学校课堂上所学到的知识打造了自我。因此价值判断标准因人而异。

幽暗世界的主宰乃是仇敌魔鬼。由此我们应当认识到自己的观念很多都是错谬的。各执己见，互不相让，便会导致争吵甚至发展成大动干戈。但若把神真理之道为判断标准进行对照，是非正邪必然清晰显明。

在神看来，双方都是错的，然而约伯和朋友们还在彼此争辩是非对错。无论对何人，我们都不能臆测、论断、诽谤、定罪。这都是恶，都是罪，是自命审判官，是高傲的表现。

对这样的人，神会向他掩面，使他所求的毫无效验。作为神的儿女，我们断不能自作审判官，对别人妄加论断和定罪。若有这等表现，应当赶紧悔改，虚己降卑。

> 我知道你们的意思，并诬害我的计谋。你们说：'霸者的房屋在哪里？恶人住过的帐棚在哪里？'你们岂没有询问过路的人吗？不知道他们所引的证据吗？就是恶人在祸患的日子得存留，在发怒的日子得逃脱。(21章27-30节)

约伯的朋友们风闻约伯遭遇患难，在痛苦中度日的消息，就前来安慰约伯。约伯声称自己知道朋友们的意思，这是不对的。人的内心和意念独有神能参透。因为人的意念和心态反复无常。

"我知道你们的意思，也知道你们诬害我的阴谋；你们来不是要安慰我，乃是要折磨苦害我。你们居然嘲笑我说：'约伯，你这刻毒的人啊！你曾经住过的帐棚在哪里？你这霸者的奢华享乐的房屋在何处？'"

约伯之所以这么说，是由于朋友们讥笑的程度过甚，便觉得朋友们把他看作霸者和恶人来嘲弄。从前与约伯有过深厚的交情、听到约伯遭难的消息，出于安抚的好意，前来探望的朋友们，居然变成"设谋诬害约伯"的恶类，原因绝非仅在他们自身的恶性，也在于约伯的惹动和挑拨。其实约伯的朋友们并非起初就表现得那么恶。

神告诫人不可辩论。他们在彼此争辩是非的过程中，情绪愈发积累膨胀乃至喷发，才导致这样的后果。朋友们劝勉约伯悔改归正，约伯非但不领受，反而批驳朋友们。约伯说朋友们恶，其实自己也不例外。

约伯若是懂得真理，便不会进行反驳，反而会以善胜恶。耶稣吩咐我们说"有人打你的右脸，连左脸也转过来由他打"，约伯若是照此行，就不至于打破和睦，也不至于忧苦愁烦，更不至于与朋友们结仇。

希望各位读者能够践行以善胜恶的真理，即使是仇敌，若是饥饿就给他饭吃，若是贫苦就给他帮补。如果对方发怒、争辩，就跟着动怒、对抗、驳斥、咒骂，便与恶人无异，反而为恶所胜。

罗马书12章20-21节说："所以，'你的仇敌若饿了，就给他吃；若渴了，就给他喝。因为你这样行，就是把炭火堆在他的头上。'你不可为恶所胜，反要以善胜恶。"

有人打骂，也不还击，宽容退让，诚恳善待，就是仇敌也能与之和好。神必动工，使那对头悔改，成为新造的人。

又说："你们岂没有询问过路的人吗？"是指由于争辩无果，

便会征询路人谁对谁错。路人则回答说："恶人在降祸的日子安然度过，在神发怒的日子却能得以逃脱。"正中约伯下怀，使他更加得意。

> 他所行的，有谁当面给他说明？他所作的，有谁报应他呢？然而他要被抬到茔地，并有人看守坟墓。他要以谷中的土块为甘甜，在他以先去的无数，在他以后去的更多。你们对答的话中既都错谬，怎么徒然安慰我呢？"（21章31-34节）

恶人掌权的时候，有谁敢当面指责他，惩罚他的罪行呢？人无力制止恶人作孽。恶人死了，照样葬于坟茔，而且还有人为他守墓。的确，即使是恶人的坟茔也有其儿女们守墓。

约伯声称恶人"要以谷中的土块为甘甜"，这也是错误的说法。恶人"要以谷中的土块为甘甜"是指对死没有恐惧。

人人都有长生不老的盼望，无人不厌恶、惧怕死亡。人越恶越恐惧死亡。人的内心深处都有向善的意愿。一个人再恶，其内心深处也有寻求神的善性，即生命。若是平生专行恶事的人，其里面的生命就会对死亡感到恐惧，因为他知道自己未曾行义，反而专行损人利己的恶事。

不过也有"以谷中的土块为甘甜"的人。那些一生奉行善义，尽人当尽之本分的人，是不会怕死的。尽人当尽的本分，乃是承认神、相信来世存在的凭证。这样的人不会恐惧死亡,过世时也会安然瞑目。

约伯说恶人以先葬于坟墓已有无数人,恶人也必跟随他们而去,在他以后还有更多的人跟随。恶人也好,善人也好,富人也罢,穷人也罢,凡人结局都是一样:葬在坟墓里。

朋友们劝慰约伯说:只要你悔改归正,必会恢复从前的繁荣与安康。可是约伯无论怎么想,自己也毫无恢复的希望,除了等待死期以外别无出路,于是对朋友们说:你们的安慰都是徒然的。

在前面探讨过约伯的这种说法不合乎真理。人若接待耶稣基督为救主,就可以领受所赐的圣灵,随之因罪而死的灵重新得生。凡这样死灵重生的人,都是神的儿女,其灵魂必进入天国,得享永生。等主再来的时候,归于一把尘土的身体必然复活,成为具有灵魂肉的完整的复活体,在空中与主相遇。

反之,恶人死后虽也是归于尘土,但照着"罪的工价乃是死"这一灵界的法则,灵死的人要在地狱的烈焰中永世受苦。

接待耶稣为主,遵行神道的人,在天国永世得享尊荣;他们在天国里永世发光,有的像日的荣光,有的像月的荣光,有的像星的荣光(哥林多前书15章41节)。死亡,人人都要经历,但死后的光景却是因人而异的。

信仰生活的过程中,若是受人辱骂,或遭受来自家庭或公司的逼迫,在论断别人有错之前,我们应当先省察自己。不要认为自己都是无辜的,只要从自己身上察验导致对方发怒和责难的原因,必能发现自己的缺点。

通过试探、患难，人心里的恶就显露。恶既显露，人便知道自己错在哪里。恶被发现，人才可以除恶成圣。愿大家殷勤发现并除净心里的恶，为此必须要火热地祷告，寻求神的帮助。

只要坚持不懈地与罪相争，逐一除去心中的罪恶，罪的苦根最终必被除净，得以造就清洁无暇的心灵。

第二十二章

以利法能说不能行倒要教训约伯

1. 以利法妄称神的名

2. 属肉的智慧和属灵的智慧

3. 无利可图则厌弃的心

4. 在黑暗中行的以利法

5. 认识神只在知识的层面上

6. 以利法不解人心误导约伯

7. 何为至于死的罪

岂是因你敬畏他，就责备你、审判你吗？你的罪恶岂不是大吗？你的罪孽也没有穷尽。
（22章4-5节）
你们又忘了那劝你们如同劝儿子的话，说：“我儿，你不可轻看主的管教，被他责备的时候，
也不可灰心。因为主所爱的，他必管教，又鞭打凡所收纳的儿子。”（希伯来书12章5-6节）

1. 以利法妄称神的名

> 提幔人以利法回答说："人岂能使神有益呢? 智慧人但能
> 有益于己。你为人公义, 岂叫全能者喜悦呢? 你行为完全,
> 岂能使他得利呢? (22章1-3节)

提幔人以利法, 是前来慰问约伯的三友中最先与约伯展开辩论的人。也是三友中心眼最恶的一个。

人可以分为属肉的人和属灵的人两类。神的道就是灵, 就是真理。认识真神, 开启灵眼, 经历属灵的事, 活出真理的人, 必会顺着圣灵生出灵来(约翰福音3章6节), 渐渐更新为属灵的人。

然而, 以利法是不懂真理的属肉的人。他根本不了解神的心怀, 却要讲论神的旨意如何, 这便是犯妄称神名的罪。

唯独深明神的心意, 全然顺从神旨意的人, 才有资格谈论神的旨意如何。一个不明白神的心意, 未能认清真理的道路, 无从解决自身问题的人, 却教训人说这个是神的旨意, 那个不是神的旨意, 便是妄称神名。

这样的人, 如今信徒中不在少数。他们像约伯和他的朋友一样, 尽管不是十分明白真理, 却还要论神的旨意如何, 并臆测和论断他人。

第2节以下, 以利法说: 智慧人只能有益于自己, 岂能使神得利? 以利法论神的旨意, 甚至妄下定论。他是在讥诮约伯, 因为约

伯在神面前为自己辩白，坚称自己是义人。

那么，人能否有益于神呢？"有益"二字，我们其实不能用在神身上。因为人没有资格说"我有益于神"。

不过人并非对神无益。神照着自己的形像造人，用泥土捏塑人形之后，将生气吹入其鼻孔，人就成了有灵的活人。

神用尘土造成各种飞鸟和走兽，并赋予生命，但并非像造人那样将生气吹入其中，使其具有灵性。人的灵魂是永不消灭的，不像飞禽走兽那样同着死亡归为虚无，未能得救的灵魂，注定要被丢入地狱永世受苦。

人之所以生儿育女，是因为对自己有益。用辛勤的汗水积攒财富，也是因着给儿女留下遗产的指望。对父母来说，心爱的儿女是对他们有益的。

更何况，神对按照自己形像所造的人，会是何等喜爱呢？神将所造的人安置在伊甸园，并将自己所有的爱倾注于其身上。若是懂得神创造人类的目的，我们不会像以利法那样说人对神没有益处。照着神的形像所造的人是可以成为神的喜悦和骄傲，并成为神交流爱的对象，荣耀神的器皿。

2. 属肉的智慧和属灵的智慧

箴言9章10节说："敬畏耶和华是智慧的开端，认识至圣者便是聪明。"若不靠着从神来的智慧，人是无法认识神的。以利法在夸夸其谈地讲述自己靠肉眼所见识的属肉的智慧。

"你们心里若怀着苦毒的嫉妒和纷争，就不可自夸，也不可说谎话抵挡真道。这样的智慧不是从上头来的，乃是属地的、属情欲的、属鬼魔的。在何处有嫉妒纷争，就在何处有扰乱和各样的坏事。惟独从上头来的智慧，先是清洁，后是和平，温良柔顺，满有怜悯，多结善果，没有偏见，没有假冒。并且使人和平的，是用和平所栽种的义果。"（雅各书3章14-18节）

从神来的智慧是叫人追求良善、公义和真理，并使人得着对神国的盼望。属天的智慧不是用来满足私欲的。夏娃生活在伊甸园时，听从狡蛇的诱言，摘吃了善恶树果，是因为领受了从魔鬼来的智慧，而非从神来的智慧。

追求神的国和神的义，乃是从上头来的智慧；随从非真理，行属地、属情欲、属鬼魔之事，则显然是从魔鬼来的属肉的智慧。这个道理，我们一定要明白。

以利法对约伯自称为义感到愤懑。以利法想：约伯陷入悲惨的处境，无非是有罪的缘故。然而约伯却仍自以为义，坚称自己毫无过错，并且声称自己的悲惨遭遇都是神一手造成的。

因此以利法喋喋不休地诘难约伯，情绪愈发高涨，以至肆无忌惮地妄称神的名。以利法对约伯说："你说你为人公义，怎么能得全能者喜悦呢？你说你行为完全，怎么能让神得利呢？"这话完全与真理背道而驰。

我们为人公义，神必喜悦我们，我们行为完全，自然使神得利。神吩咐我们说："你们要圣洁，因为我是圣洁的。"（彼得前书1章16节）；"所以，你们要完全，像你们的天父完全一样。"（马太福音5章48节）

儿女善良健康快乐地成长，为人父母的自然感到欣慰。若是误入歧途，悖逆不轨，则会感到伤心。儿女失足，会使父母蒙羞。

与此同理，神的儿女若是偏离真理，犯罪作恶，就会受到世人的笑讥唾辱，直接羞辱神的圣名，给教会、主的仆人和主内的弟兄脸上抹黑。

创世记第6章记载："挪亚是个义人，在当时的世代是个完全人。"于是神喜悦他，就与他同行，指示他预备方舟，拯救他脱离灭世大洪水。

创世记6章5-6节记载："耶和华见人在地上罪恶很大，终日所思想的尽都是恶，耶和华就后悔造人在地上，心中忧伤。……"神因为爱我们的缘故，照祂自己的形像造了我们，我们犯错误的时候，祂同样会忧伤和叹息。

3. 无利可图则厌弃的心

岂是因你敬畏他，就责备你、审判你吗？你的罪恶岂不是大吗？你的罪孽也没有穷尽。（22章4-5节）

以利法以讥笑的口吻诘问约伯说：约伯啊，神岂是因你敬畏祂，就责备你、审判你吗？

真理并不是这样。假如有甲和乙，二人都不遵行神的话语。然而，神管教甲，而不管教乙。那么，谁是蒙神爱的呢？当然是受管教的甲了。

"你们又忘了那劝你们如同劝儿子的话，说：'我儿，你不可轻看主的管教，被他责备的时候，也不可灰心。因为主所爱的，他必管教，又鞭打凡所收纳的儿子。'你们所忍受的，是神管教你们，待你们如同待儿子。焉有儿子不被父亲管教的呢？管教原是众子所共受的，你们若不受管教，就是私子，不是儿子了。"（希伯来书12章5-8节）

我们责备外人或会导致关系疏远，然而父母责备儿女则不会如此。父母若是爱自己的亲生儿女，当儿女偏离正路的时候绝不会袖手旁观。从撒母耳记上第2章的记载中我们可以看到祭司以利因教子无方，引起神的烈怒的结局。

同样，神管教祂所收纳的儿女。我们若是犯了错误，受到神的管教，便是神爱我们的凭据。犯了错误却没有受管教，会陷入更大的罪中，就像有句俗语"偷牛始于偷针"（韩），越发受魔鬼的辖制，最终走上死亡之路。对所爱的儿女，神是不会任其走向死亡之路的，因此神说没有管教便是私子，不是祂真正的儿子。

人若是敬畏神，必遵行祂的话，尽人当尽的本分。以利法因不明白这一真理，便说约伯受神的责备，乃是因不敬畏神的缘故。

当然，我们违背真理，多是因不敬畏神的缘故，但即便有了敬畏神的心，也会误犯违背真理的罪，导致神的管教临身。

以利法说的话本身是对的，但这是在不明白灵意的状态下说的。以利法的意思是：神因为不爱约伯，所以责备并审判约伯。

然而我们应该知道，当我们犯错误的时候，神管教我们或责备我们，却正是因为爱我们的缘故。

第5节里，以利法指着约伯说："你的罪恶岂不是大吗？你的罪孽也没有穷尽。"以利法越说越离谱。以利法给约伯定罪，说约伯罪恶深重，罪孽无尽。殊不知约伯乃是神所认定的完全、正直的人。

《圣经》指着这等人说是自作判断人的、自占神位的。众人将行淫时被拿的妇人带到耶稣面前时，耶稣对他们说："你们中间谁是没有罪的，谁就可以先拿石头打她。"

于是受良心谴责的人们，一个一个的都出去了。此时耶稣对那妇人说："我也不定你的罪，去吧！从此不要再犯罪了。"（约翰福音8章3-11节）耶稣说"不定你的罪"，乃是宽恕的意思。

然而如今有多少人不是对非亲眼所见、毫无根据的事妄加论断和定罪呢？就算亲眼看见别人犯罪，也应当为他祷告，勉励和帮助他遵行真理才是。身为一个信主的人，断不可揭人之短，扬人之过，盼其倒霉。

"弟兄们，你们不可彼此批评。人若批评弟兄，论断弟兄，就是批评律法，论断律法。你若论断律法，就不是遵行律法，乃是判

断人的。设立律法和判断人的，只有一位，就是那能救人也能灭人的。你是谁，竟敢论断别人呢？"（雅各书4章11-12节）

以利法这是妄称神的名。他自作判断律法、判断人的，依着自己恶极的心态推己及人污蔑别人为极恶之徒。以利法是在冒用神的道，犯如此严重的罪。

> 因你无故强取弟兄的物为当头，剥去贫寒人的衣服。困乏的人，你没有给他水喝；饥饿的人，你没有给他食物。（22章6-7节）

对人妄加论断、定罪，会使误会成见越积越多，越发变本加厉地发恶。

之前，以利法曾经夸赞约伯说："你素来教导许多的人，又坚固软弱的手。你的言语曾扶助那将要跌倒的人，你又使软弱的膝稳固。但现在祸患临到你，你就昏迷；挨近你，你便惊惶。"（约伯记4章3-5节）

随着辩论的升温，以利法情绪越发高涨，一反以前夸赞的口气，转而信口把约伯污蔑成"害群之马"。

"剥去贫寒人的衣服"是指剥夺已处于贫寒之人所有的，使贫寒之人蒙受更大的耻辱。

第7节说："困乏的人，你没有给他水喝；饥饿的人，你没有给他食物。"

在骄阳似火的沙漠，燥热干渴却没有水喝，将是何等痛苦的事呢？以利法指着约伯说："困乏的人，你没有给他水喝；饥饿的人，你没有给他食物。"

这相当于这样的形容："约伯，你已泯灭人性，丧尽天良，惨无人道，枉为做人。"看见饥饿的人不给食物，乃是见死不救，表明人性的残忍。

有能力的人就得地土，尊贵的人也住在其中。你打发寡妇空手回去，折断孤儿的膀臂。（22章8-9节）

有这样一群人，邻家成为暴发户，过起富足的生活，就胡思乱量，心生恶念猜疑："这人哪来的这般鸿运，花钱如流水？这钱干净吗？会不会是非法收入？"

由于约伯过去在东方人中为至大，以利法便将约伯想象成恶人来讥笑。

第9节说"你打发寡妇空手回去，折断孤儿的膀臂。"是指对困苦之人非但毫不顾恤，反而加以残忍的虐待。

以利法正在给约伯定罪：你曾仗着地位尊贵，势力强盛，地土辽阔，资财丰盛，欺凌弱小，专横跋扈。以利法是在宣泄对约伯的嫉恨情绪，不停地积蓄罪恶。约伯委屈得很——以利法纯粹是无中生有，自己从未存过那种邪心恶念，反而以广行施舍，扶贫帮困为乐。

正如第4章里以利法所说，约伯曾扶持、帮补、施教、激励许多人。约伯曾经人缘极广，接触过形形色色的人。其中有的为人正派，具有正确的判断力，有的则心术不正，带有偏见和成见。于是对约伯的传闻有正面的也有负面的。

以利法起初凭着所听闻的好话安慰约伯，但随着矛盾的激化，他的恶心发作，就拿道听途说的毁谤谣言来攻击约伯。

约伯的朋友一开始夸赞约伯，后来又断言约伯为极恶之徒，我们当悟出其中的原因。这就是属肉体之人的劣根——有利可图就套近乎，无利可图则唯恐避之不及。

4. 在黑暗中行的以利法

因此，有网罗环绕你，有恐惧忽然使你惊惶，或有黑暗蒙蔽你，并有洪水淹没你。（22章10-11节）

以利法的意思是：约伯作恶多端，得罪了许多人，因此恐惧惊惶是必然的。

那么，以利法根据什么对约伯做出如此的臆测和判断呢？其实以利法揣度约伯的感受，纯粹是凭着自己的经验。

以利法并没有亲眼见过约伯行所谓的那些恶事，他所说的都是出于主观意念的论断和感觉。这是他曾经经历过那些事的明证。

以利法因为自己活在黑暗中，所以经历过那种恐惧和惊惶，于是推己及人，论断约伯定然也会如此，便冷嘲热讽地谴责约伯。

第11节说"或有黑暗蒙蔽你，并有洪水淹没你。"

所谓的"黑暗"就是心中的黑暗。是指前景一片漆黑，朝不保夕，空虚绝望的状态。在朋友们看来，约伯已是前途渺茫，毫无希望可言。借以表示：对约伯的任何一种期望都是枉然的。

洪水乃是人力不可抗拒的天灾，一般指大雨或融雪等引起暴涨的水流，盖没平常不在水下的陆地。大水泛滥，会把房屋和农田夷为平地。以利法是在断言：儿女、财产、健康被洗劫一空的约伯，仍要继续遭受巨大灾祸。判定约伯照自己所行的恶，难逃接踵而至的厄运。以利法因不合自己心意为由，就这样用自己三寸之舌，将约伯"赶尽杀绝"。

5. 认识神只在知识的层面上

> 神岂不是在高天吗？你看星宿何其高呢？你说，神知道什么？他岂能看透幽暗施行审判呢？密云将他遮盖，使他不能看见；他周游穹苍。（22章12-14节）

以利法对神的认识，是建立在从别人口中了解的知识层面的。对他而言，神只存在于其想象中，而不在于其心中，因此谈不上从内心里侍奉神。

从以利法的言辞中可以得知他并没有从内心里侍奉神。查考《圣经》就可以发现，那些神同在的人，他们心里存着神，与神亲密相交，虔诚地侍奉神。

为了遇见神，约伯需要经历这些过程。约伯所献的祭是属肉体的，神不悦纳。神唯独悦纳灵祭，亦即我们用心灵和诚实所献上的属灵的礼拜。于是神允准约伯受熬炼，为他遇见神创造条件，使他借以建立有体验的活泼的信仰。

然而，约伯的朋友们既没有侍奉神，也不曾遇见神，故觉得神离他们很远。以利法反驳约伯"密云将他（神）遮盖，使他（神）不能看见"这一说法。

"约伯！天上的繁星乃为神所造，神岂不是高过星宿吗？祂俯瞰万物，万物岂不尽收眼底吗？你说，神对你一无所知，祂的审判不公平，祂因被密云遮盖而看不见你，只顾周游穹苍。"

持有属肉的信心，即信心只停留在知识层面上的人以为天上有密云遮盖，神就看不到他，犯罪也无妨。神是造物主，不会因密云遮盖就看不到我们。神无处不在，祂察看我们的一举一动，参透我们的心思意念。

你要依从上古的道吗？这道是恶人所行的。他们未到死期，忽然除灭，根基毁坏，好像被江河冲去。（22章15-16节）

恶人即使耳闻目睹神的大能，其思路还是常受私欲的支配。出埃及的以色列百姓就是这样：神的作为显现时，他们就感恩，不合自己的心意或利益时，他们就抗拒摩西，宣泄不平不满。他们甚至发问神在哪里？就铸造金像来拜，引起了神的烈怒。

"约伯，我知道你曾经是侍奉神的，但你现在竟然向神泄怨，重蹈上古恶者的覆辙。"

第16节说："他们未到死期，忽然除灭，根基毁坏，好像被江河冲去。"是什么意思呢？

出埃及记第14章记载：法老和其臣宰们丧心病狂地追击摩西和出离埃及的百姓，结果反被葬死海底的场面。当以色列百姓埋怨并抗拒他们的领袖摩西时，神的咒诅就临到他们，他们遭到地被震裂，活活坠入阴间等灭顶之灾（民数记16章30-31节）。

以利法说：古时恶人的末路都是很悲惨的——"未到死期，忽然除灭"，约伯你也是个恶人，故也未能幸免，落得这般儿女夭折，倾家荡产的绝望之境地。

此话是不合乎真理的。针对恶人，神不会无条件地除灭，乃按各人罪的轻重程度以及内心恶的深浅来决定处理的方式。犯了同样的罪，有人遭遇试探，有人安然无恙，这取决于人的心态。

他们向神说：'离开我们吧！'又说：'全能者能把我们怎么样呢？'哪知神以美物充满他们的房屋，但恶人所谋定的离我好远。（22章17-18节）

恶人向神说："离开我们吧！"又说："全能者能把我们怎么样呢？"是没有信心的表现，也是没有侍奉神、不敬畏神的明证。

被神领出为奴之家埃及的以色列百姓，摩西虽然向他们指明得生命与救恩的路径，并显现神奇妙的大能，他们依然没有从心里相信。当神的大能显现时，他们就击鼓跳舞赞美谢恩。然而当眼前的处境不合自己的利益时，他们就埋怨哀叹诅咒发恶。以利法指约伯就是同类的恶人。

可是第18节又说"哪知神以美物充满他们的房屋"，实乃语无伦次，前言不搭后语。这话显然是错谬的。神是不会以美物充满不义之人的房屋。

以利法所要表达的意思是：就是恶人宣泄不平，神也照样成全他们。以利法的这种说法似乎容易令人误解，但其中包含着这样的意思：

以利法从古人口中听到出埃及事件。法老王行恶，神就降各种灾殃于埃及。法老恳求摩西向神代求止住灾殃。于是摩西求神，神就止住了那灾（出埃及记8、10章）。结论是：神饶恕恶人，成全他们所求。

然而，法老虽得到神屡次的饶恕，依然不悔改自己的恶行，神就使法老的军队葬身海底。

出埃及的以色列民或悖谬的恶人即使轻蔑神，神有时也会成全他们所求的。为的是要使他们经历到活神，刚硬的心被熔化，获得真正的信心。

神对恶人恒久忍耐，千年如一日，一日如千年，也是出于万人得救，无一人沉沦的心愿。这就是神的旨意。行恶之人神不都厌弃，有时以宽恕，有时以忍耐，照祂自己的旨意进行开导。

当摩西上山领受十诫的时候，以色列百姓铸造金牛拜起偶像。神告诉摩西祂已定意要将他们灭绝，要使摩西的后裔成为大国。摩西就恳求神施恩赦免他们的罪，神垂听了摩西的祷告，就转意饶恕了他们的过犯（出埃及记32章）。

列王纪上第21章记载：亚哈王拜偶像，作恶多端，神就藉着以利亚先知的口预言要降灾于亚哈。亚哈听见这话，就撕裂衣服，禁食，身穿麻布，降卑己心，求神怜悯，神就宽恕他，并向他承诺，等到他儿子的时候，降这祸与他的家。因为神预知亚哈的儿子悖逆行恶要胜过其父。儿子遭殃乃是罪有应得，而非无辜受冤。

第18节说："但恶人所谋定的离我好远。"这里"恶人"是指着约伯说的。

因为之前约伯对朋友们数落教训并用暗喻旁敲侧击，以利法便挖空心思琢磨下一步该用什么措辞来折服约伯。辩论的人琢磨更严厉的措辞，以求达到驳倒对方的目的，心中的恶便愈发显露。

之前约伯自称为义人，指对方为恶人，这里以利法反指约伯为恶人，试图伪装自己的劣根性。

"约伯，你所谋定的离我很远，与我格格不入，因为你是恶人，我是义人。"

6. 以利法不解人心误导约伯

义人看见他们的结局就欢喜，无辜的人嗤笑他们，说：
'那起来攻击我们的，果然被剪除，其余的都被火烧
灭。'"你要认识神，就得平安，福气也必临到你。（22章
19-21节）

以利法说义人看见恶人的挫败就高兴，无辜的人，亦即无罪的
人嗤笑恶人的败落。很显然这是在误用真理。

义人的心以善为本，善是神自有的属性。义人心里从不轻易论
断恶人、定恶人的罪，反而竭力理解和宽容。不论有信仰还是没有
信仰，自古以来宽厚仁义者均是如此。

我们若是巴望恶人远离我们，或者遭致不幸，就是我们同样
心恶的明证。具有义人之情怀的人，见到恶人，也情愿理解和帮助
他们，并乐意为他们祷告。即使面对罪大恶极的人，也希望他悔改
归正，转变向善。

以利法因为没有这般善心，所以顺着恶心宣称无辜的人嗤笑
恶人，说："那起来攻击我们的，果然被剪除，其余的都被火烧
灭。"我们当知道无罪之人的心并不是这样。他们虽然恨恶罪，但
不恨恶犯罪的人，更不希望他们倒霉遭祸。

这就是义人的情怀：不愿恶人遭致不幸，只愿他们转离恶道。
于是为他们忧伤和哀恸，恳切地为他们祷告。

第21节说：“你要认识神，就得平安，福气也必临到你。”这话是真理，是神的道。

以利法一直辛辣地批驳约伯，使约伯丧失一切盼望和希望。然而此时又一改之前自以为义，猛烈驳斥抨击的态度，开始貌似以好言好语相劝，试图安慰约伯。

歌罗西书1章19-20节说：“因为父喜欢叫一切的丰盛在他里面居住。既然藉着他在十字架上所流的血成就了和平，便藉着他叫万有，无论是地上的、天上的，都与自己和好了。”人因着罪与神为仇，然而耶稣在十架上流出宝血，将自己献作平安祭，成为神人和好的中保。

以利法无论用怎样的好言相劝，对方依然不肯领受，因为以利法心中满有邪恶，没有真理。我们唯独按着真理教导人，才能获得圣灵的同工，使人得到造就。

> 你当领受他口中的教训，将他的言语存在心里。你若归
> 向全能者，从你帐棚中远除不义，就必得建立。（22章
> 22-23节）

以利法无论怎么说，约伯仍是无动于衷，于是换一种勉励的口气对他说。约伯是属肉的人，其朋友们也是属肉的人。况且约伯清楚了解朋友们的恶劣行径。约伯不听朋友相劝，是因为朋友们能说不能行。

然而属灵的人不是这样。当有人劝勉时，只要说的是真理，他们就会以"阿们"回应并且顺从，不管对方行为如何。我们是神的儿女，是追求真理的属灵的人，即使能说不能行的人教训我们，如果所说的是属乎真理、良善，我们也应当欣然领受并且遵行。这就是属灵之人当尽的本分。

第23节说："你若归向全能者，从你帐棚中远除不义，就必得建立。"

此话本身是真理，然而以利法根本不了解约伯的心意，误解约伯已是背弃了神。但约伯向神哀怨叹息，其实也是出于对神的信靠。若是不信，就没有必要再向神牢骚发怨。

对此可以从两个方面进行探讨：

第一，约伯并非背弃了神。他继续对着神抱怨，是因侍奉神的缘故，而非藐视神。

约伯出于灵里无知，认为自己是义人。朋友们也是因不明白属灵的事，就用属肉的视角去审视约伯，断定约伯受神的咒诅，是因他是极其不义和邪恶的人。

神在属肉的层面上衡量约伯，他的身上不存在任何不义，便认定他为正直、完全的人（1章1节）。人们往往认为被打还手是正当的，也是正义的。所以从属肉的层面上考虑，约伯的抱怨和不平是可以理解的。

约伯的立场是这样的，所以朋友们无论怎样列举经过听闻所得知的真理相劝，约伯依然不屑一顾，乃是朋友们的不义远超约伯。况且朋友们还指控他为恶人，约伯更是不能接受。朋友们在一点都不了解约伯心意的状态下，对约伯妄加论断和定罪，这便是等于自站神的位置去审断人。

第二，脱去不义，活出真理，必蒙赐福。脱去所有不义，除净一切罪恶，活在真理里面的人，必蒙灵魂兴盛，凡事兴盛，身体健壮的祝福。谨守遵行神的话语，出也蒙福，入也蒙福——这是神不变的应许。

主的仆人、教会工人等传讲神道的人，更应当努力遵行神的旨意，好使自己能够带着属灵的权柄教导众人。

然而约伯的朋友们既不明白真理，又不是在光明中行的人，反倒教训约伯要照着真理行，这便使得约伯无法接受并醒悟。

> 要将你的珍宝丢在尘土里，将俄斐的黄金丢在溪河石头之间，全能者就必为你的珍宝，作你的宝银。你就要以全能者为喜乐，向神仰起脸来。你要祷告他，他就听你；你也要还你的愿。（22章24-27节）

以利法认为约伯曾经以不义的手段聚敛了金银财宝，故叫他把这些都丢掉。现在的约伯只剩下遍满蛆虫、瘦骨嶙峋的病体，哪有什么珍宝和黄金呢？所以以利法的意思是叫约伯把一切对财富、名利的贪欲和一切自尊和自高的心丢掉。

俄斐是盛产黄金的地方。所罗门王从俄斐运了金子来，用作建造圣殿的材料。"将俄斐的黄金丢在溪河石头之间"是劝约伯要将金银弃之如石。

"珍宝"是指约伯所珍视的一切，包括家人、财富、权势、名望等。"尘土"与珍宝相比，乃是微乎其微，借以表示虚空。以利法的意思是叫约伯将过去所珍视的财富、名利等一切归为乌有，免得心里愁苦烦闷。

我们探讨此话所包含的灵意。此话本身是真理，然而问题是此话不应该由以利法说出来。以利法是个极其贪婪的人，他若拥有珍宝与黄金，一定会贪心不足倾力聚敛，要为自己积蓄更多的财富。

"凡为我的名撇下房屋或是弟兄、姐妹、父亲、母亲、（有古卷添"妻子"）、儿女、田地的，必要得着百倍，并且承受永生。"（马太福音19章29节）

对我们来说功名利禄并不重要，重要的是敬畏神，爱神，并且谨守遵行神的话语。因为当我们一心爱神并遵行祂旨意的时候，就可以从祂得着天上地上的一切美福。

第25节和26节说："全能者就必为你的珍宝，作你的宝银。你就要以全能者为喜乐，向神仰起脸来。"

创造主神为我们的珍宝，作我们的宝银，我们便一无所缺。天地万物都是父神的；财富、名声、权势等一切也都是父神的，这些不也都是我们这作祂儿女的吗？只要我们讨神的喜悦，我们心里所求的，祂必成全，因此神的就是我们的。

故我们应当丢弃万事，成就视金如石的无贪欲的心灵，假如有人给耶稣奉献黄金，耶稣能把它留为己用吗？必定用在成就神的国和神的义之事上。

第27节说："你要祷告他，他就听你；你也要还你的愿。"

正如所言，脱去一切不义与罪恶，并将一切贪心丢弃如尘土，专心信靠仰赖神，神必作我们的珍宝，成全我们的心愿，祝福我们的人生。凡所求的，神无不应允，我们便可以还愿。

这些话都是真理，但由于以利法没有说这话的资格，便无法使约伯欣然领受听有所悟。

约伯想自己从未背弃过神，也从未否认神的存在，也未曾行过不义的事，况且他正在为自己头脑中神祝福恶人，蔑视善人，咒诅义人的念头而发怨，这些话自然就听不进去了。

> 你定意要作何事，必然给你成就；亮光也必照耀你的路。
> 人使你降卑，你仍可说，必得高升。谦卑的人，神必然拯救。人非无辜，神且要搭救他，他因你手中清洁，必蒙拯救。"（22章28-30节）

以利法对约伯说：如果你照我的话行，凡所求的无不蒙应允，凡定意要作的事无不蒙成全，亮光也必照耀你面前的道路，你的前景将是一片光明。

以利法此话虽是真理，但因自己言行不一，无法使约伯醒悟。

约伯知道朋友们平时行为不端，自然把朋友们的规劝当作虚言空话，不屑一闻。

如果他人的劝勉是真理，属灵的人会欣然领受，并且遵行。人即使陷入试探和患难，甚至行在死荫的幽谷，只要诚然悔改归正，转行合理的事，讨神的喜悦，神必使他复兴，成全他的心愿（诗篇37篇4-6节）。

第29节里，以利法说："人使你降卑，你仍可说，必得高升。"照字面意义，这似乎叫人自高。其实不然。意思是：人使你降卑，你就相信神要使你高升。

"你们中间谁为大，谁就要作你们的用人。凡自高的，必降为卑；自卑的，必升为高。"（马太福音23章11-12节）

世人普遍都是如此，为了高升，不择手段。然而，神的儿女若是这样，必不至高升。抬高自己的，神必使他降至低微，因为高傲的人不得救。

正如箴言15章33节所说："敬畏耶和华，是智慧的训诲，尊荣以前，必有谦卑。"尊荣，唯独谦卑人得到。谦卑是指降卑自己，高抬别人。骄傲是指自恃学问、财物、名声、权势等方面比人优越而夸耀或亵慢的心态。

箴言18章12节说："败坏之先，人心骄傲；尊荣以前，必有谦卑。"箴言22在4节说："敬畏耶和华心存谦卑，就得富有、尊荣、生命为赏赐。"敬畏耶和华的人自然顺从神的道，由此蒙神赐福，富富有余，得享尊荣，这就是生命。

在以利法的眼里，约伯是自高自大的人，就信口宣泄积蓄已久的对约伯的满腹成见。

"约伯啊，你佯装自己大智大义，殊不知自己何等骄傲。你当庆幸神把你降至低微。因为你降卑自己，神才能使你高升，并且使你得救。"

以利法抱着扭曲的心态教训约伯。其实约伯并不是以利法所说的那种骄傲的人。以利法尽管不了解约伯的心态，却还要妄自论断、定罪。

7. 何为至于死的罪

第30节说："人非无辜，神且要搭救他，他因你手中清洁，必蒙拯救。"我们查考此话所包含的意义。

"人非无辜，神且要搭救他"意即人即使有罪，神也会搭救他。以利法的意思是：约伯你虽然犯了罪，但只要离弃不义归向神，神必搭救你，并使你重见往日的辉煌。

"他因你手中清洁，必蒙拯救。"是指约伯虽然犯了罪，但只要悔改，脱去不义归向神，神必搭救他，使他复兴。

这里"手中清洁"的"手"代表人的整个身心。之所以这样形容是因为人的地位、财富等很多事都是用手操作得来的。

当我们转离不义之路，敬畏神并遵从祂的道，必蒙灵魂兴盛，凡事兴盛，身体健壮的祝福。

以利法说此话其实并非因懂得这些灵意，只是七拼八凑地援引了所闻知的古人的训诲。

"约伯啊，你当知道，凡有罪的人，神不都厌弃。"

以利法说这话，乃是要安慰约伯。神的子民即使犯了罪——除非犯了至于死的罪——只要诚然悔改，并用实际行动改正自己，必蒙神的饶恕。罪的种类很多，如仇恨、杀人、奸淫等等。其中也有至于死的罪，犯这样罪的人永不得赦免，永不能挽回。

约翰一书5章16节说："人若看见弟兄犯了不至于死的罪，就当为他祈求，神必将生命赐给他；有至于死的罪，我不说当为这罪祈求。"

那么，至于死的罪都有哪些呢？

第一，亵渎、毁谤、干犯圣灵。

马太福音12章31-32节说："……人一切的罪和亵渎的话，都可得赦免；惟独亵渎圣灵，总不得赦免。……"亵渎圣灵是指将圣灵所彰显的能力污蔑为出于撒但的邪术，正如马可福音3章22节、30节所记载的。

马太福音12章32节说："凡说话干犯人子的，还可得赦免；惟独说话干犯圣灵的，今世、来世总不得赦免。"路加福音12章10节说："凡说话干犯人子的，还可得赦免；惟独亵渎圣灵的，总不得赦免。"

"干犯人子"是指人出于无知而不认道成肉身，降世为人的耶稣为救主，故此这样的罪是可得赦免的。然而，干犯圣灵或亵渎圣灵乃是认识神的人顺着心里的恶性，亵渎和干犯神的工作，故不得赦免，注定灭亡。

亵渎、毁谤、干犯圣灵是不得饶恕的大罪，行这事的人断不能进神的国。因此，神的儿女万不可犯至于死的罪。

第二，领受圣灵后败坏堕落，把主重钉十字架，明明地羞辱。

希伯来书6章4-6节说："论到那些已经蒙了光照、尝过天恩的滋味，又于圣灵有份，并尝过神善道的滋味，觉悟来世权能的人，若是离弃道理，就不能叫他们从新懊悔了，因为他们把神的儿子重钉十字架，明明地羞辱他。"

第三，得知真道以后，故意犯罪。

希伯来书10章26-27节说："因为我们得知真道以后，若故意犯罪，赎罪的祭就再没有了，惟有战惧等候审判和那烧灭众敌人的烈火。"意即得知真理的人，继续故意犯罪，就不能进天国。

当大卫王在神面前犯了罪，拿单先知前来指出他的罪时，大卫立刻忏悔并改过。扫罗王则相反，虽然撒母耳先知指出其罪，他却不屑一顾，依然屡犯不止。结果大卫王重蒙神的祝福，扫罗王则被神弃绝。

口称信神却仍故意犯罪的人，神向他们掩面，于是圣灵的感动渐渐消灭。信神的人若是离弃道理，败坏堕落，以至圣灵的感动被灭尽，就不得从新懊悔，其名从生命册上被涂抹，终究不能得救（启示录3章5节）。

不过那些只是从知识层面上认识神，未能从心里信神的人，若有一天蒙神的恩典，萌生了信心，就可以进入救恩之路。他们即使先前出席教会，后来又离开了教会，还能得着重新接受别人的传道而重获救恩的机会。

人犯了一次至于死的罪，神并不立刻弃绝他，而经过多次的告诫，给他悔改的机会，但因依然硬着心继续犯罪，以至良心如同被热铁烙惯了一般麻木不仁，就不能叫他们重新懊悔了。

因此，我们当醒悟并切记：口称信耶稣基督，却仍犯罪作恶，以至犯至于死的罪的人是没有救恩的。

第二十三章

在哪里可以寻见神

1. 约伯寻求神在的地方

2. 寻见神的蹊径

3. 把神当作无能的神

4. 属肉的祭祀和属灵的祭祀

5. 约伯误解神为独裁者

约伯回答说:"如今我的哀告还算为悖逆;我的责罚比我的唉哼还重。
惟愿我能知道在哪里可以寻见神,能到他的台前;(23章1-3节)

1. 约伯寻求神在的地方

神允许撒但降灾于约伯身上，顷刻之间，约伯遭受儿女夭折，财产毁尽的灾祸。此时约伯还没有埋怨神。然而，当毒疮遍身，忍耐到了极限时，他便开口抱怨和哀叹。

约伯回答说："如今我的哀告还算为悖逆；我的责罚比我的唉哼还重。惟愿我能知道在哪里可以寻见神，能到他的台前；（23章1-3节）

约伯一直无休止地埋怨神，随着痛苦的加剧，更深的恶便显露出来。他说他受的责罚比他的唉哼还重，表示他向神发怨言是情有可原的。

并且表示自己正在承受着不堪忍受的剧痛。他说至今对神发出的"算为悖逆"的哀怨，比起他现在的痛楚还算是轻的。

约伯旦夕间失去儿女和全部财产，加上毒疮遍身，实在痛苦不堪。大家可以换位思考，若是处在约伯一样的境地会是怎样？是埋怨神转而离开教会呢，还是凭着信心凡事向神谢恩献上祷告呢？

约伯记1章1节里，神说约伯是完全正直的人。即使是这样的人，一经试探和患难，其邪恶丑陋的心态也会尽显无遗。

2. 寻见神的蹊径

第3节里，约伯说"惟愿我能知道在哪里可以寻见神"。我在世界各地引导盛会时，碰到很多牧会者问我"怎样才能寻见神？"很多人在长久的牧会生涯中，从未遇见过神，他们灵里饥渴的程度可想而知。

我们从中可以得知，约伯并非打心底里侍奉神，他与神的关系十分疏远。约伯表面上虽然侍奉神，心却离神很远。约伯所献的不是属灵的祭，而是属肉的祭。正因为如此，神熬炼这完全正直的约伯，使他能够从心里侍奉神。

那么，我们当怎样行，才能遇见这位神呢？

第一，进入良善、光明和真理中。

我们想见总统，就要到青瓦台，与此同理，若要遇见神，必须进入良善、光明和真理中。因为神住在良善、光明和真理中。

善可分为属肉的善和属灵的善。属肉的善不是永恒的，它是注定腐朽和消没的，因为没有与耶稣基督的真生命连合。唯独真理里面的善，才能使人得享永恒的生命，并且遇见神、经历神。人要遇见神，必须具备属灵的善，靠着属肉的善是绝对不行的。

属肉的善，是人出生以后通过父母、兄弟、老师，以及其他周围的人所学得的。又是通过诸多贤人的教诲，以及各种书籍的熏陶所打造的。人的自我就是这样通过众人的教导和熏陶，以及自己目睹、耳闻、感受外界事物的过程中逐渐打造出来的。

人就是把这些作为真理来领受的知识，储存在脑细胞记忆系统里，同时也栽植在心里。人就是本着这栽植在心里的信息打造自己，并将自以为是善的理念作为判断的标准，称作良心。

因而良心的价值观因人而异。属肉的善就是这种以自己的价值标准所打造的。故属肉的善，与神毫不相干。人自己打造的善，若是不合神的善道，就应当予以纠正。

约伯和朋友们互相争辩自己的知识、想法和良心是正确的，便彼此觉得对方不可理喻。然而在神看来，双方都是错的。

反之，属灵的善就是从本为真理的神而来的善。我们若想具备属灵的善，必须要通过神的道，发现并攻破被属肉的善所占据的自我。只有不断地发现并治死旧人、老我，才能使本为真理的神与主耶稣住在我们里面。

发现包含在神道里面的属灵的善，并且遵行，真理就会成形在我们里面。真理存在我们里面，主便与我们同在。

第二，应当恳切寻求神。

箴言8章17节说："爱我的，我也爱他；恳切寻求我的，必寻得见。"

耶利米书29章12-13节说："你们要呼求我，祷告我，我就应允你们。你们寻求我，若专心寻求我，就必寻见。"

神向我们应许说，只要呼求祷告神，必蒙垂听；只要专心寻求神，就必寻见。因此，我们当呼求祷告，亦当尽心、尽意、尽力、尽性、尽智、尽诚献上灵祭，亦即属灵的礼拜。

约翰一书5章3节说："我们遵守神的诚命，这就是爱他了，并且他的诫命不是难守的。"圣经66卷书中的神言可分为四类：有吩咐我们谨守的、离弃的、遵行的、不可行的。神的言语全都是真理、光明、良善，是把人引入永生之路的真道。

我们若是信神并且爱神，必会谨守遵行祂的言语。口称有信，却不照神的话语生活，便是没有真信心的明证。所谓的信，只不过是通过读经、听道所得来的知识上的信心，亦即属肉的信心。

以色列百姓通过摩西亲眼目睹降于埃及的十灾，以及分开红海、天降吗哪等神迹和奇事。并亲身经历神白天云柱，夜间火柱的引领，又亲耳听见与摩西同在的神雷鸣般的声音。

然而，他们临进迦南地的时候，神却对他们说：你们不顺从我的话，是因你们不信我的缘故。的确，不顺从就是因不信的缘故，若是真信，必然顺从神的话语。这些百姓若是真正从心里相信，定然顺从遵行，得以进入迦南美地。

然而，有的情况下，人即使寻求神，也无法寻见神。以赛亚书59章1-3节说："耶和华的膀臂并非缩短，不能拯救，耳朵并非发沉，不能听见。但你们的罪孽使你们与神隔绝，你们的罪恶使他掩面不听你们。因你们的手被血沾染，你们的指头被罪孽沾污；你们的嘴唇说谎言，你们的舌头出恶语。"

是说人犯了罪，就会形成罪墙与神隔绝，使神掩面不听他们诉求。故无论怎样禁食、祷告也没有效验。

　　我就在他面前将我的案件陈明，满口辩白。我必知道他回

答我的言语，明白他向我所说的话。（23章4-5节）

约伯"满口辩白"，是因觉得冤枉。约伯倾家荡产，又受毒疮之苦。加上妻子和亲属们无不对他嘲笑；朋友们别说是安慰他，反而斥责他为恶人；甚至连那些家仆都对他鄙视、嘲弄，他自感受到非人待遇。

面对自己所遭受的试探与苦难，约伯甚觉委屈，无论如何也想不通。他说自己要是能够见到神，一定会向神倾诉自己的冤屈，并向神追问因何这样待他。约伯在自己的意念中误解神，并且依然固执己见，不醒悟自己的错误。

那么，神如此长久苦炼约伯的原因是什么呢？

第5节里，约伯说："我必知道他回答我的言语，明白他向我所说的话。"如果正如所言，约伯真能醒悟明白神回答他的言语，神怎能不早点向他显现呢？

然而，即使神对约伯亲口澄清是非对错，约伯还是不能理解的。神知道，唯独先让约伯里头的劣根性尽显无遗，然后向他显现，方能使他分清善恶，彻底醒悟自己的过错。只要自以为是的念头依然存在，人是决不会彻底破碎的。

罗马书8章5-6节说："因为随从肉体的人体贴肉体的事；随从圣灵的人体贴圣灵的事。体贴肉体的就是死，体贴圣灵的乃是生命平安。"我们只有聆听圣灵的声音，顺从圣灵的指示和引导，才能过正确的信仰生活。为此我们必须破碎肉体的意念。这肉体的意念若不破碎，非但无法从神领受属灵的信心，也无从听到圣灵的声音，更无可与神交通。

3. 把神当作无能的神

> 他岂用大能与我争辩吗？必不这样！他必理会我。在他那里，正直人可以与他辩论；这样，我必永远脱离那审判我的。（23章6-7节）

这里"大能"是指神的权能，亦指兼具权柄的能力。约伯论及神奇异大能，这是他从古人口中所闻知的。

约伯觉得自己是无辜遭殃，也许是神因为不了解他的实情，所以才这样苦待他。若是把自己的冤屈细细向神陈明，大能的神必不会与他争辩。

意思是：神若知道约伯的真情，必会理解他，并且后悔使无辜的约伯受试炼。此时，在约伯的心目中神是一位没有细听约伯的陈述故而不理解约伯的无能的神。

约伯虽然殷勤侍奉神，但那不是属灵的，而是属肉的侍奉。于是神熬炼约伯，为将来向约伯显现，为点醒其根本错因进行铺垫。然而，约伯的想法却与此背道而驰，可以看出约伯与神疏远的程度。神是打算等到约伯经过熬炼，潜在的劣根性尽显无遗之后再向他显现，因为这样才能使约伯彻底悔悟，得与神亲密深交。

第7节说："在他那里，正直人可以与他辩论；这样，我必永远脱离那审判我的。"

约伯向来深信自己是正直人，也引以为豪。约伯始终从主观上认为自己毫无过错，故他觉得只要站在神面前辩白，所谓公义的这位神，一定转意不再审判他。虽然受这么大的熬炼，约伯仍不醒悟自己的过错。

只是我往前行，他不在那里；往后退，也不能见他。他在左边行事，我却不能看见；在右边隐藏，我也不能见他。
（22章8-9节）

一直以来，约伯为了遇见神而煞费苦心，无所不用其极——迫然向神呼求过、凄然向神哀恸过、怆然向神苦诉过、懊然向神报怨过、愤然向神追讨过……

然而，神就是光，我们唯独走出黑暗，进入光明，才能听见祂的声音，并且寻见祂。

然而他知道我所行的路，他试炼我之后，我必如精金。
（23章10节）

此话似乎是对的。约伯说神知道他所行的路，神试炼他之后，他必如精金。意即他所受的苦难只是一场试炼。因为他是正直公义的人，所以神照祂自己的美意在熬炼他。

约伯坚信自己是义人，没有任何过错，因此神照祂的旨意，要炼净他如精金。他将自己受苦的原因，全都归结于神。约伯此话乃是循着记忆说出来的古人口中的良言。而且约伯此言乃是出于自我安慰的心态，并非出于信心。

试炼大致分为两种：

一是试探，是因自己的过犯所招致的。

雅各书1章13-15节说："人被试探，不可说：'我是被神试探'；因为神不能被恶试探，他也不试探人。但各人被试探，乃是被自己的私欲牵引、诱惑的。私欲既怀了胎，就生出罪来；罪既长成，就生出死来。"

试探是人们因着活在黑暗中，不遵行神的话语所导致的。因为违背真理，会招致仇敌魔鬼、撒但的亵渎和毁坏，以至陷入试探与患难，遭受病苦或灾祸。

当亚当悖逆神，偷吃善恶树果时，神咒诅诱人犯罪的蛇说：你必终身吃土（创世记3章14节）。"蛇"，按灵意是指仇敌魔鬼、撒但；"土"则指用土所造的人。人违背神真理之道，必然遭受仇敌魔鬼、撒但所带来的试探和患难；犯罪的程度越深，遭受的患难越重。

其次是试验，旨在赐福与那配得过的人。

创世记22章1节记载："这些事以后，神要试验亚伯拉罕，就呼叫他说：'亚伯拉罕！'他说：'我在这里。'"这里说"神要试验亚伯拉罕"。

这是神对亚伯拉罕的信心的测试，旨在证实他是否具备蒙福的资格，并非因亚伯拉罕有什么过错所导致的。

那么，我们如何才能通过试验呢？

学生埋头苦读准备高考，若是考试合格，就可获得入学资格，不合格则要重新备考应试。

与此同理，神也按时试验自己的儿女们。当他们通过试验之后，神就赐给他们相应的祝福。这是神对人的熬炼，旨在使人灵魂兴盛，信心长进。从小学入初中、高中，直到大学，都要经过考试，灵命的成长过程也与此相仿。

当试探来临时，只要查出自己的过犯，立刻悔改归正，就可以得胜。如果自己遵行神的教导却遭遇了试探，那么只要常常喜乐，警醒祷告，凡事谢恩，试探就会退去。

神为了使自己的儿女灵魂兴盛而允准试探。当人通过试探时，神就赐下相应的祝福。当人通过了神出于赐福的目的所允准的试炼，就可以打造精金般的信心。约伯因其信仰停留在属肉的层面，所以受到熬炼。但愿各位能够活出属灵的境界，为自己打造精金般的信心。

4. 属肉的祭祀和属灵的祭祀

我脚追随他的步履，我谨守他的道，并不偏离。他嘴唇的
命令我未曾背弃；我看重他口中的言语，过于我需用的饮
食。（23章11-12节）

"我脚追随他的步履"是指时常献祭侍奉神。"并不偏离"是
指持之以恒地向神献祭。

那么，神是否悦纳约伯的献祭呢？

虽说旧约是新约的影儿，但神并不单单接纳人献祭的行为。

扫罗王要拿肥美的牛羊向神献祭，神为何还要离弃扫罗？从
表面上看，扫罗的行为纯正，然而神视听命胜于献祭，神要的是
人所献的灵祭，就是人从心里相信并专心仰赖神，对神只有"阿
们"、顺从。

亚当的儿子该隐也是因为献上属肉的祭，所以不蒙神悦纳。反
之弟弟亚伯因献了血祭，得蒙神的悦纳。如今我们献祭，也当献上
血祭，才能蒙神悦纳。

那么，什么叫血祭？

我们的信仰若只停留在频繁出席教会，参加礼拜这种行为层
面上，神是不悦纳的。我们若是真信耶稣为我们流尽赎罪的宝血，
必会尽心竭力恢复神儿女的本分，这就是血祭。

论到亚伯拉罕，当神吩咐他献独子以撒为燔祭时，他立刻顺

从神，因为他相信神可以叫死人复活。以利亚与众多异教假先知对决时，使神降火显应，大获全胜。他在三年半滴雨不下的极度干旱中，向神祷告，看见有一小片云从海里上来，就凭信心的眼目预见大雨降下，并且大胆宣告："有多雨的响声了。"

亚伯拉罕和以利亚向神献祭的时候，他们具有真实的信心，亦即属灵的信心。然而约伯只有外在行为，而没有全备的信心。

第23章12节里，约伯说："我看重他口中的言语，过于我需用的饮食。"

约伯尽管用刻薄的言语埋怨神，仍说自己谨守神的道，看重神口中的言语，可见他依然不自知自明。因未能用真理对照自己，约伯依然宣称自己是对的。约伯之所以说自己"看重神口中的言语"，是因为他曾殷勤向神献祭，从不敷衍，然而那只是属肉的祭祀。

如今也有这样一群人，一到主日就到教会献上礼拜，奉献感谢礼物，貌似热衷于信仰生活。然而却没有对天国的盼望，不离弃贪婪、恼怒等心里的恶，顺着私欲的安排行事。他们虽然献祭，仍是属肉的祭，而不是血祭。

神单单将"麦子"收在天国仓里。因此，主再来时，只收"麦子"不收"糠秕"。这麦子就是属灵的人；糠秕则指心里依旧充满罪恶，不行真理的人。这样的人就是属肉的人。

5. 约伯误解神为独裁者

> 只是他心志已定，谁能使他转意呢？他心里所愿的，就行
> 出来。他向我所定的，就必作成；这类的事他还有许多。
> （23章13-14节）

可以看出约伯的话很不合理。神心志所定，就必作成，然而神立定意旨并非任意、武断。人们误解窑匠的比喻，认为神是为所欲为的独裁者，就像窑匠从一团泥里拿一块，是烧制贵重的器皿，还是烧制卑贱的器皿，全凭他自己的意志取向。

真理是不求自己的益处。神就是真理，祂不是某些人想象中的那种按自己的利益随意立旨，又随意废除的乖戾的神。

神自己立志，并照着成就，一切都是为了使我们得荣耀，包括对人类生死祸福的掌管乃至直到进入天国，在我们天路历程中所作的一切善工。为此，神千年如一日地恒久忍耐和等候。

一旦得势，就特权凌人，任意妄为——这是人普遍的属性。然而神喜爱公义，祂本着公义来成就一切引我们入永恒天国的善工。

第13节里，约伯说：神心志已定，谁能使祂转意。然而，神就是爱，只要我们悔改归正，神必饶恕我们，甚至饶恕我们到七十个七次。

约拿书3章4-10节里，神吩咐约拿宣告预言："再等四十日，尼

尼微必倾覆了!"这信息传到尼尼微王的耳中,王就与百姓一同禁食,甚至不给牲畜、牛羊吃草、喝水,彻底忏悔,并弃罪离恶。看到他们如此谦卑的样式,神就转意,不把所说的灾祸降于他们。神是慈爱的神。人即使犯了罪,只要从内心里悔改,并且回头离开所行的恶道,神必饶恕他的过犯。

第14节说:"他向我所定的,就必作成;这类的事他还有许多。"约伯是在说他自己的悲惨遭遇,完全是神的独断专行所致,向他所定的,神必做成,并强调这样的情况神还有许多。他将自己的一切遭遇全归罪于神,以求自我安慰。

> 所以我在他面前惊惶,我思念这事,便惧怕他。神使我丧胆,全能者使我惊惶。我的恐惧,不是因为黑暗,也不是因为幽暗蒙蔽我的脸。(23章15-17节)

从这段经文中可以看出约伯对神误解极深。意思是:神蓄意地催垮他这义人,使他承受百般的耻辱、逼迫和苦痛。

约伯由于误解神是滥用大权,徇私武断的独裁者、专制神,便在神面前丧胆、恐惧和惊惶。他推想神一定已经独断预定下一步要如何惩治他,便甚觉惊惶。实为照着人意揣摩神,妄下定论,自找苦吃。

约伯在遭遇试探、患难之前也对神持有误解,因此虽献燔祭,却是出于对神的恐惧。约伯记3章25节说:"因我所恐惧的临到我身；我所惧怕的迎我而来。"

在约伯的心目中，神不是慈爱的神，乃是严厉可畏的神，故他侍奉神乃是出于恐惧使然。

我们断不能像约伯那样误解神，照着人意论断神，自招苦吃。无论遭遇什么事，我们都要凭着善去分辨和感悟，便能避免论断和误解，获得属灵的能力、活泼的悟性，正确解悟神的旨意。

第16节里，约伯称神为独断专行，令人痛苦绝望、丧胆恐惧的神，可是第10节里倒说："然而他知道我所行的路，他试炼我之后，我必如精金。"约伯由于心态扭曲，信口开河，语无伦次。约伯说神若是收取了他的性命，他就不再恐惧了。

第17节里，"黑暗"是指死亡，"幽暗蒙蔽我的脸"是指下入阴间。令约伯丧胆和恐惧的不是死亡，也不是阴间，乃是活着受神的折磨和痛苦。也就是说，与其活着如此痛苦，不如死去一了百了。

约伯认为神是可怕的神，而且他还不了解来世，从而没有对天国的盼望。

"亲爱的弟兄啊，我们的心若不责备我们，就可以向神坦然无惧了。并且我们一切所求的，就从他得着，因为我们遵守他的命令，行他所喜悦的事。"（约翰一书3章21-22节）

神的旨意是叫我们对祂坦然无惧，而非对祂战兢恐惧。我们若是遵守神的诫命，活出神的话语，以致心中无可责备，凡所求的，便可都蒙成全。对神有恐惧感，是因没有活出神的道。

我们不应该对神存有恐惧感，应当坦然面对神，凡所求的都从祂得着，使荣耀归于这位慈爱的神。为此我们必须遵守祂的诫命，行祂所喜悦的事。

第二十四章

约伯借喻指神不义向神抗辩

1. 约伯为责难神埋下伏笔

2. 认为神不理会恶人的不义

3. 约伯自作审判者

4. 认为神保全恶人

杀人的黎明起来，杀害困苦穷乏人，夜间又作盗贼。奸夫等候黄昏，说：'必无眼能见我'，就把脸蒙蔽。盗贼黑夜挖窟窿，白日躲藏，并不认识光明。他们看早晨如幽暗，因为他们晓得幽暗的惊骇。（24章14-17节）

1. 约伯为责难神埋下伏笔

> 全能者既定期罚恶，为何不使认识他的人看见那日子呢？
> 有人挪移地界，抢夺群畜而牧养。他们拉去孤儿的驴，强
> 取寡妇的牛为当头。他们使穷人离开正道；世上的贫民尽
> 都隐藏。（24章1-4节）

约伯哀叹道：神既然定期罚恶，可为何不使他看见苦日子的尽头。神熬炼人并不定下期限，人醒悟己过，归入正路之时，便是其熬炼结束的日子，也是神应允人所求的时候。

"认识神的人们为何不见蒙允的日子？遭受试探，陷入困境的人为何不见神的拯救？"

这是约伯针对自己的隐喻。如果直抒己见，必又遭致朋友们一阵猛烈的驳斥。

那么，"有人挪移地界"是什么意思呢？

地界是两块土地之间的分界线，或行政区域的界线。挪移地界表示以不义的手段得寸进尺地侵吞掠占别人的土地。相当于如今的房地产投机或滥用职权以不正当手段获取财富。

论到"抢夺群畜"，牲畜乃为庶民赖以生存之本，受害者的处境会是何等悲惨！孤儿没有父母的呵护，是一个很脆弱的生命。一头驴，对孤儿而言，乃是全部家底。

寡妇没有丈夫，持家的担子全落在一个人身上。因为无依无

靠，生活甚是艰难。寡妇将血汗工钱一点一滴攒下来，买下一头牛，在乡村，牛可是大家底，是生活之本。然而有人"拉去孤儿的驴，强取寡妇的牛为当头"，受害人的心情会是多么凄惨而悲痛！

又论到"他们使穷人离开正道"，意指迫使穷人离开寻常谋生之道、维命之本，落得居无定所，流离彷徨。他们因遭到亲戚熟人冷嘲热讽，于是羞愧而隐藏。

> 这些贫穷人如同野驴出到旷野，殷勤寻找食物。他们靠着
> 野地给儿女糊口，（24章5节）

野驴没有栓绳的约束。它们四处奔跑、游荡，寻找食物。同样，贫无立锥之地的人们，为了谋食而东奔西跑，四处流浪。

"他们靠着野地给儿女糊口"是指他们要靠四处奔波忙碌得来的工价给自己的儿女糊口。

我曾遭受七年病苦，康复的指望已是荡然无存，除了等死别无选择。然而，在这个当口儿，神向我伸出了拯救的手——我满身的疾病，因着神的恩典瞬间痊愈。我开始走上天路历程，为了全守主日，我不得不选择体力劳动。

七年病患所累积的债务如滚雪球，加上三女儿守珍降生，我们夫妻只好带着不到百日的守珍，到石山干起捡石块的苦工。岩石爆破后，我们就将炸飞散落地面的碎石块收集归堆。

当时工地位于岭东地区，空旷的野地里不见一棵树。时值盛

夏，骄阳似火，我们将婴儿安置工地一隅，一天到晚搬运碎石，然而所得的工价仅有1500元（相当于8元人民币）。因为曾经有过在山野捡石，或在建筑工地打工等东奔西跑靠体力劳动养家糊口的经历，我得以体悟到劳动者的苦衷与悲哀。

约伯富有的时候，经常见到穷人遭受富人或恶人的欺压凌辱，过悲惨生活的情形。如今自己也落得那般悲惨的境地，约伯便追忆着往日的繁荣，用这些陈词为责难神埋下伏笔。

收割别人田间的禾稼，摘取恶人余剩的葡萄；终夜赤身无衣，天气寒冷毫无遮盖，在山上被大雨淋湿，因没有避身之处就挨近磐石。又有人从母怀中抢夺孤儿，强取穷人的衣服为当头，使人赤身无衣，到处流行，且因饥饿扛抬禾捆。在那些人的围墙内造油、醉酒，自己还口渴。（24章6-11节）

没有生计的人，不得不靠收割别人田间的禾稼等打零工干杂活谋生。之前约伯论到靠恶劣的手段扩充地产，抢夺弱者的所有，不择手段地敛财的恶人。意思是穷人靠收割这些恶人田间的禾稼糊口，摘吃恶人余剩的葡萄充饥。

约伯讲述着穷人衣不遮体，饥寒交迫的凄惨情境——"整夜赤身露体，无衣御寒，天气再寒冷，也没有一丝遮盖，在山上被大雨淋湿，却没有躲避之处，只得蜷身磐石之下。"

"从母怀中抢夺孤儿，强取穷人的衣服为当头"——第9节里所讲述的这种情形，从前十分普遍。当债务人没有还债能力时，债主抢夺其儿女作仆婢或下人，进行残酷的压榨，这种悲剧如今仍然在一些落后的国家上演。

穷人衣不蔽体食不果腹，被雇到富人家中造油、酿酒。古时，对穷人而言，油乃是独有财主尽情享用的奢侈品。

2. 认为神不理会恶人的不义

> 在多民的城内有人唉哼，受伤的人哀号；神却不理会那恶人的愚妄。又有人背弃光明，不认识光明的道，不住在光明的路上。（24章12-13节）

约伯说"多民的城内有人唉哼"，表明唉哼的人很多，目击者也不在少数。约伯是智慧人，他之所以这样说，是因为他知道自己若说独见此景，必没有说服力，朋友们肯定不屑一听。可见约伯措辞严谨，步步为营。

他断言：尽管因着恶人的暴虐，众民唉哼，伤者哀号，神却不理会那恶人的不义。约伯此言并非出于慈心为穷人辩护，也非出于义愤揭露恶人的行径。

乃是要声讨：许多人遭富人抢掠压榨，落得赤身无衣，饥肠辘辖，神却依然视而不见听而不闻；恶人家道兴旺祂也不去理会。

亦即穷人为得活路，向神呼号苦诉，神仍置若罔闻，不惩罚恶人的不义。约伯的定论是：神是恶神，在祂没有爱，也没有公义。

第13节里，所谓"光明"在灵意层面上是指仁义。背弃光明之道的人是不义的人，他们不晓得仁义的道路。

"不住在光明的路上"，是指他们不行在仁义的道路上，反而走在黑暗的道路上。

> 杀人的黎明起来，杀害困苦穷乏人，夜间又作盗贼。奸夫等候黄昏，说：'必无眼能见我'，就把脸蒙蔽。盗贼黑夜挖窟窿，白日躲藏，并不认识光明。他们看早晨如幽暗，因为他们晓得幽暗的惊骇。（24章14-17节）

黎明，是万籁俱寂，众人沉睡的时分。约伯说不义的人趁此机会去杀害困苦穷乏之人。当今时代，恶人行凶可是不分白昼黑夜。然而约伯时代，杀人事件通常发生在黎明时分。

盗贼心里荒淫邪荡恶毒不义，故专趁黑夜暗探、行窃。奸夫等候黄昏，趁暗行淫荡的事。不义的人假扮或蒙蔽自己的脸，就觉得没有眼能看见自己，趁着黑夜行不义的事。

盗贼趁黑夜越墙溜门，或者撬锁入室行窃。他们不愿见光，不敢见光，白日躲藏在黑暗中。

故称"他们看早晨如幽暗"，就是说不义的人专在黑夜出没，白日躲藏，因为他们更熟悉黑暗，更习惯黑暗。"他们晓得幽暗的惊骇"是因为幽暗代表死亡，乃指生命受到威胁，以至于灭亡的状态。他们之所以躲避光明、忌讳在光明中行，是因为他们害怕自己的死罪暴露于光明之下。凡作恶的人都恨光，恐怕他的行为受责备。

信的人忌讳黑暗，不信的人则惧怕真理光明，因为他们专行违背真理的事。

3. 约伯自作审判者

> 这些恶人犹如浮萍快快飘去，他们所得的份在世上被咒诅；他们不得再走葡萄园的路。干旱炎热消没雪水，阴间也如此消没犯罪之辈。怀他的母（原文作"胎"）要忘记他，虫子要吃他，觉得甘甜。他不再被人记念；不义的人必如树折断。（24章18-20节）

从第18节起，约伯代替神，自作审判官，给恶人定罪。自以为义的约伯断定神不惩治恶人，于是自行审判恶人。

约伯打心底里巴望恶人"犹如浮萍快快飘去"。"他们所得的份在世上被咒诅"——表示约伯希望恶人在世上被咒诅，巴望他们倾家荡产，身败名裂。

"葡萄园的路"丰裕富饶，果实累累，畅解干渴。约伯说"他们不得再走葡萄园的路"表示恶人受了咒诅，绝断致富的门路。约伯信口开河咒诅恶人。我们也当省察自己，在信耶稣基督之前是否也曾如此。

第19节里，约伯说"干旱炎热消没雪水"。"雪水"的量很少，遇到炎热干旱即刻消没。反映出约伯巴望不义之人的财富也要如此瞬间荡尽的心态。

又说"阴间也如此消没犯罪之辈"，这里"阴间"意味着死亡，指唯有绝望和恐惧的状态。约伯切愿不义的人落得这般境地。

"虫子要吃他，觉得甘甜"，这是约伯喜欢使用的形容之一。意思是恶人必坠入阴间，不再被人记念，蛆虫要分解吞噬他的尸体，因为它们嗜腐如蜜。

又说不义的人必如树折断，永远从人们的记忆中消失。

"神若真是活着，为何不审判恶人？这显然是不对的。我若是神，一定把这些恶人统统扫除地面。"

约伯是在表露他素来积压在心中的对恶人的激愤与轻蔑之情。设若约伯是神，恐怕恶人早已消灭殆尽，不剩一人留在地球上了。

4. 认为神保全恶人

> 他恶待（或作"他吞灭"）不怀孕、不生养的妇人，不善待
> 寡妇。然而神用能力保全有势力的人，那性命难保的人仍
> 然兴起。（24章21-22节）

这里"他"是指恶人。意思是：不怀孕、不生养的妇人或寡
妇是可怜的人，应当予以关爱与帮补，然而恶人是绝不会善待
她们的。

约伯觉得虐待穷人弱者的恶人罪该万死。然而神却用能力保
全必须灭亡的恶人，使其仍然兴起发旺。

> 神使他们安稳，他们就有所倚靠；神的眼目也看顾他们的
> 道路。（24章23节）

约伯将神形容为极坏的神，声称神作恶人的依靠，护庇他们锦
衣玉食，养尊处优。

约伯说"神使他们（恶人）安稳"，是因为他觉得穷人苦无尽
头，乃是神不保守他们的缘故。约伯这样说，其实另有所图。

约伯说："神使他们安稳，他们就有所倚靠；神的眼目也看顾
他们的道路。"

约伯觉得自己继续无辜受苦，而邪恶的朋友们倒在神的袒护

下越发兴旺。于是抱着赌气的心态下了这样的定论。

当人放纵恶欲时，善眼蒙蔽，善念泯灭，判断力和分辨力尽失，视善举为恶行，专注别人之短。

顺着恶念听人言，好言也是挖苦话。这样，放纵恶念会使人丧失分辨力，做出错误的判断，误解和误会百出，口出妄语罪上加罪。

因此，我们应当凡事以善观之。养成这种美德，目无憎恨之人，只见对方的好处，就是冷言酸语也当作好话听。

他们被高举，不过片时就没有了。他们降为卑，被除灭，与众人一样，又如谷穗被割。若不是这样，谁能证实我是说谎的，将我的言语驳为虚空呢？"（24章24-25节）

约伯把自己摆在神的位置上进行审判。这里"被高举"是指恶者恃权嚣张的气势，而非高位、富贵、权势。

意思是：恶者虽然气势嚣张，为所欲为，然而终必"降为卑，被除灭"，与众人一样。

那么，"又如谷穗被割"又是什么意思呢？谷穗被割便沦为禾秸归为空虚。意指：即使是气焰嚣张的人，也会顷刻败落，如同谷穗被割，沦为禾秸。

人们带着情绪互相辩论时，往往极力揭人之短，尖刻挖苦，以求理胜。陷入僵局时，有的人甚至情不自禁地咒诅对方说：你这样对我恶语相加，必不得好报！

　　遭对方恶意的攻击和伤害时，我们是否心里咒诅他——这样的人肯定不会有好下场？无论是谁，我们都不可以恶报恶，待人常要追求良善。

　　第25节里说："若不是这样，谁能证实我是说谎的，将我的言语驳为虚空呢？"这里约伯自下定论，并断言自己说的一点没错。"若不是这样"是含有强调意义，意思是我讲的道理千真万确，是绝对驳不倒的理儿，他要把自己的思想强加给别人。

第二十五章

比勒达对人的价值观

1. 比勒达抓住机会颠覆约伯之言

2. 比勒达的话不合真理

他的诸军,岂能数算?他的光亮一发,谁不蒙照呢?(25章3节)

1. 比勒达抓住机会颠覆约伯之言

书亚人比勒达回答说："神有治理之权，有威严可畏；他
在高处施行和平。他的诸军，岂能数算？他的光亮一发，
谁不蒙照呢？（25章1-3节）

接着约伯的友人书亚人比勒达起来反驳约伯的话。

"约伯，你岂不知神有治理万物之权，有威严可畏，在至高之
处施行和平，饶恕恶人的罪过吗？神的能力与权柄，人何以测度？
祂虽拥兵无数，权柄浩大，但祂仍将光明照好人也照歹人。"

约伯的朋友们之前斥责约伯是恶人，认为约伯受神的咒诅和
管教，无非是因罪孽深重。然而，到了第25章，他们一反过去一味
的斥责、定罪的口吻，开始按着情势的发展而变换措辞。

在政界这种情形屡见不鲜。执政党的政策和措施，在野党一
贯反对；在野党的言论和作法，执政党同样一律否定。不管双方政
见可行与否，都是汲汲于诽谤、污蔑和陷害。

比勒达为了彻底推翻约伯的话，按自己的想法称神为施行和
平的神。

第3节里所谓"诸军"是指神的力量、能力与权柄。意思是：
神虽有这般力量、能力与权柄，但不消灭恶者，是因为神是和平的
神。借以支持前面的说法。

人们在辩论的时候，常常挖空心思琢磨证词来支持他们的论

点，尽管理屈词穷，就算谎言连篇，甚至恶语百出，不惜造成严重的后果，然而他们却不承认自己的错误。

比勒达是在讽刺约伯的话，表示：神不是约伯所说的那种护庇恶者的坏神，神不惩治恶人，听之任之，乃是为了和平。

第3节说："他的光亮一发，谁不蒙照呢？"意思是：神虽有无数天军，又有极大权能，但祂将光明普照众人。这是针对约伯所言"盗贼黑夜挖窟窿，白日躲藏，并不认识光明"（24章16节）的反驳。

比勒达不知约伯讲的"光明"乃是就属灵的意义而言的。他照着字面意义去理解，反驳约伯说：神的亮光一发，谁不蒙照？比勒达由于一门心思要把约伯贬为坏人，便对约伯言外之意一头雾水，单凭主观臆测去驳击约伯。

2. 比勒达的话不合真理

> 这样，在神面前人怎能称义？妇人所生的怎能洁净？在神眼前，月亮也无光亮，星宿也不清洁，何况如虫的人，如蛆的世人呢！"（25章4-6节）

约伯的那个时代，妇女是处于男性附庸地位的，故将女子所生的人视为低微卑贱的存在。

"约伯，你为妇人所生的，怎能称义，怎能称洁？"

对月亮和星宿，比勒达一直抱有神秘感，并且怀有憧憬和向往之情，故将月亮和星宿看作比人高等。照他的观念，人为妇人所生，低贱微渺，如虫如蛆，一无是处。可见这段话，彻头彻尾尽是谬论。

神创造天地万物，是为了造福于人类。神照着祂自己的形像和样式造了我们人类，祂爱我们乃是理所当然的。神视一个灵魂贵过全世界。尤其器重弃"肉"成圣的属灵的人、属真理的人。神甚喜爱那些活出祂的道，自洁成圣的人。故我们应当殷勤作成成圣的功夫。

月亮或星星，怎能跟圣洁神的儿女相比呢？而且神造就了月亮和繁星，便称"看着是好的"，在神眼前，月亮是皎洁明丽的，繁星是晶莹璀璨的，而非比勒达所说的那样"月亮也无光亮，星宿也不清洁"。

第二十六章

约伯听到灵魂之音

他以能力搅动大海（"搅动"或作"平静"）；他藉知识打伤拉哈伯。（26章12节）

1. 挖苦的心

约伯回答说："无能的人，蒙你何等的帮助！膀臂无力的人，蒙你何等的拯救！无智慧的人，蒙你何等的指教！你向他多显大知识。你向谁发出言语来？谁的灵从你而出？（26章1-4节）

约伯家产尽毁，儿女全丧，遭人讥诮和嘲弄，加上疮疾缠身，苦不堪言。对此绝境，约伯束手无策。这里"无能的人"，是约伯借指他自己。他是在讥讽比勒达，因为比勒达的话与约伯的话正好相反。

约伯已是气力殆尽之人。人心力憔悴，体力也会随之衰颓。平时人们往往挽起坚实的膀臂来炫耀自己的强壮。然而，心力耗尽，体力也跟着丧颓。

约伯说"膀臂无力的人，蒙你何等的拯救"是对比勒达的反讽，因他觉得比勒达的话十分可笑。约伯认为自己已到山穷水尽的地步，但比勒达却说他有希望复苏，便觉其言荒谬可笑。

千言万语不如一个行动。对饥饿的人说"愿你吃得饱"，而不给他食物，对他能有一点帮助吗？约伯现在正是处于这种立场，便心中不满，加以讥讽。

那么，"无智慧的人，蒙你何等的指教！"是什么意思呢？

约伯自以为公义虔诚、智慧过人，对方却句句反驳指正他的观点，便甚是恼火，就抱着赌气的心态，假称自己智障，以讥讽的口吻反问："无智慧的人，蒙你何等的指教！"

"你向他多显大知识"，也是挖苦之言，意思是：你卖弄学问要指正我，简直是"班门弄斧，自不量力"。

不容忍别人对他的伤害，遭人攻击就变本加厉地还击，甚至挖空心智向神抗辩——约伯心中的恶，此刻淋漓尽致地呈现出来。完全正直的约伯，一经神的熬炼，其潜藏在本性里的恶就这样不断地显露出来。

第4节说："你向谁发出言语来？谁的灵从你而出？"是对朋友荒谬言论的讥笑。约伯在反问：你是谁，竟敢这样对我说话？

2. 灵魂之音

> 在大水和水族以下的阴魂战兢。在神面前阴间显露，灭亡也不得遮掩。（26章5-6节）

在此约伯讲述人死后的光景和阴魂鬼怪的世界。水族是水生动物的统称。约伯指幽暗之灵所在的地方为阴间，并且比作大水。他说：在神面前，水族以下的海底深处也要显露。的确，神鉴察万物；不论阴间深处，还是海底极处，祂的眼目无所不至。

约伯说此话的用意是什么呢？就是在神面前阴间显露无遗，恶人的行径也难逃神的眼目，然而神却对此视而不见。

神将北极铺在空中，将大地悬在虚空；（26章7节）

这里约伯在述说神的权能和旨意，借以表示神是"随心所愿，独断专行"的神。这里"北极"是指北方的极处。在东西南北四个方位中，约伯为何偏要提北方呢？因为"北极"对他而言是一个未知的神秘世界。

凛冽的寒风是从北方吹来的；北边夜空有北斗星或北极星。照人的思维，凡事都有尽头，然而举目望去，夜空在繁星密布中无限延伸，便以"神将北极铺在空中"来表示神奇异的权柄与威严。

"将大地悬在虚空"是一句十分惊人的表白。地球的悬空，乃是现代科学的重大发现。然而《圣经》早在数千年前就已记载地球悬空的事实。那么，约伯怎么悟出这个道理呢？

自古以来，凡顺着纯善的本性行事为人者，都听到灵魂深处的声音，受到丰富灵感的启发。他们发展了科学文明，将艺术推向登峰造极之境界。他们悟通世务天理，预见将来的事。

世宗大王（朝鲜王朝第四任国王）创制韩文；栗谷（原名李珥，朝鲜李朝哲学家、政治家、教育家）预言倭乱；李舜臣将军（李氏朝鲜时期名将）预知日侵研制龟船等等就是其例。

约伯遥望穹苍，漫无边际，无限延伸。当他思量自己和大地以及其上的天时，借以灵性的启迪感悟到地上有天空无限延伸，浩瀚穹苍围罩着大地，便形容"大地悬在虚空"。

听灵魂之音的人，当内心酌量天、地和自己所站之方位时，就可以感悟到大地悬在穹苍的道理。约伯借以"大地悬在虚空"的形容来表示神的大能与权威。

哥林多前书2章10节说："只有神藉着圣灵向我们显明了，因为圣灵参透万事，就是神深奥的事也参透了。"

如今也相仿——只要我们被圣灵充满，就可以听到灵魂之音，解悟神的心怀和旨意。

3. 以善为本的神的主权

将水包在密云中，云却不破裂。遮蔽他的宝座，将云铺在其上。在水面的周围划出界限，直到光明、黑暗的交界。（26章8-10节）

约伯以为密云之上有种水源，被密云遮住因而肉眼看不见。雨水按时从密云中降下滋养大地，对此约伯觉得惊奇而神秘。

但约伯的朋友以利户则悟出科学道理而说道："他吸取水点，这水点从云雾中就变成雨。云彩将雨落下，沛然降与世人。"（36章27-28节）

约伯自以为悟出一个奇妙的道理——密云包着泉源却不破

裂，按时降水在地面。

第9节以下说道："遮蔽他的宝座，将云铺在其上。在水面的周围划出界限……"。

如今也有这样一群人，认为神设置与人阻断的隔墙，使人不得见祂的面，经历不到祂的作为，就像约伯那样，认为神遮蔽祂自己的宝座，故意将人隔绝。

然而神绝非如此。神造人，将人立为万物之灵长，且赋予治理和管理鸟类、鱼类等地上万物的权柄。神与人同行，传授良善与真理，并因着慈爱，赋予人自由意志。但告诫人不可吃善恶树果，吃的日子必定死。

过了漫长的岁月，人悖逆神的吩咐，偷吃禁果得罪神，从此与神隔绝，因为"罪的工价乃是死"（罗马书6章23节），罪人不能得见神，见到神不得存活。由此看来，与神隔断的那堵墙，乃是人自己造成的，而非神故意设置的。

然而摩西先知与神亲面说话，并得见神的形像，听闻神的声音（民数记12章8节）。因他在当时谦和胜过世上的众人，达到了全然成圣的境界（民数记12章3节）。

我们若是打造一颗清洁的心灵，就可以得见神（马太福音5章8节），亦即顺着清洁心灵祷告神，必蒙神的应允，成就一切的心愿。

神为了拆毁人与神之间隔断的罪墙，使自己的独生爱子耶稣作了挽回祭，叫信耶稣为基督的人，罪得赦免，获得救恩。并用奇事和神迹见证神的大能，叫人可以心服口服。

人若不看见神迹和奇事，就无法相信神的全知全能，正如耶稣所说"若不看见神迹奇事，你们总是不信"。神要将属血气的人类更新为光明之子、属灵的人，为此需要对人类进行耕作。

4. 约伯误解神为专权独断的统治者

约伯声称神故意遮蔽自己的宝座，与人隔绝，断定万事的因果皆都出于神的专权独断。

他认为神"在水面的周围划出界限，直到光明、黑暗的交界"等一切都是出于神的武断。

那么约伯为何将神看作独裁者呢？

之前约伯信口称神对恶者庇护和赐福，对义人反而鄙视和咒诅。因为在约伯看来，像他这等义人旦夕间败落，绝不是巧合，无疑是神的安排。约伯认为这事除了神以外无人能行，便对神怀怨抱屈，将一切结果都推给神。

神行使主权是建立在人自由意志所发出的果效上，旨在使人得生命。我们信不信神乃在乎自己的意愿，而非出于神强制的安排；各人照自己自由意志的选择，信则得救，不信则灭亡。神从不以强制的手段去行使祂的主权。

神行使主权，乃是以真理和良善为本。神因着良善赐人自由意志，又本着良善行使主权。

创造万有的主神，给万物划定"界限"设定"交界"。为人类划分昼夜，划定水界，安置雨云，设定方位——东西南北。

在科学尚未发达的时代，人们无从辨知东西南北。指南针的发明，为人类克服了这一难题，人们可以顺着指针的指向辨认南北，依循南北方位确定东西方向。路径方向的确定，推动了人类遍满地面，直到地极的进程。

约伯凭着自意的论断和负面的情绪中将神定为不义的神，又极力给朋友们灌输他这一观点。情绪过头，必然产生误解，继而生出罪来。

"情绪"一词泛指感情，也指不正当或不愉快的情感，如抱怨、恼恨等。这些负面情绪对人有害无益，应当凭借火热的祷告，将其连根拔除。

人心里潜藏着很多非真理的情绪，包括怒气、猜忌、嫉妒、奸淫、忌恨等等。这些情绪若不除去，遇到环境，就克制不住而喷发出来。情绪是主观感受的产物。

孩子受父母责打的时候，会产生疼痛或忌恨的感觉。此时若对父母抱有亏欠和悔过的心情，就不会产生负面情绪，但若觉得父母的责打是出于恨恶，便对父母产生不满情绪，而且日渐加深，到时就会发展成报复行为。

我们唯独了解这种负面情绪，才能醒悟人思考力的来源——魂的作用，对我们自身行为所产生的负面影响。仇敌魔鬼、撒但利用魂的作用，操控人非真理的心思和意念，使人与神为敌，与世为友，深陷犯罪泥潭。故我们应当时常察验自己，免得中了撒但的诡计。

5. 负面情绪与夸大其词

> 天的柱子因他的斥责震动惊奇。他以能力搅动大海（"搅动"或作"平静"）；他藉知识打伤拉哈伯。藉他的灵使天有妆饰；他的手刺杀快蛇。（26章11-13节）

针对神的主权高谈阔论一番之后，约伯这下开始讲论神的可畏可惧。

"天的柱子因他的斥责震动惊奇"，是约伯出于不满情绪的夸张形容。约伯因认为神摧垮了他这无辜的人，便抱着惊慌恐惧，夸大其词地形容神的性情。

我们断不能抱着情绪夸大其词，损坏别人的形像，或者误导别人。这是顺着撒但的运行产生的魂的作用。

第12节说："他以能力搅动大海。"

各位想象大海，会呈现怎样的表象呢？有的人或许浮现这样的场景：和煦的日光，银色的沙滩，宽广的海面，扬起白帆的船只和展翅翱翔的海鸥，海天相接的地平线，及四周的醉人美景……。

反之对大海抱有恐惧和厌恶的人，会想象狂风海啸，惊涛骇浪，船破人亡的恐怖情形。

约伯在惊骇和恐惧的情感中提及大海，喻示神是恐怖的神。意思是：大海的汹涌翻腾也是神大能的手段。

然而，神虽造了大海，但大海的汹涌并非神所使然，乃如风起云涌，为自然规律的产物。人不能把循着规律所产生的自然现象归结为神专权的手段而向神抱怨。

现今世界，物质文明高度发达，然而其代价却是生态环境的急剧失衡，由此导致气候异变，自然灾害频频发生，连绵不断。然而，有人却盲目地把这种自然现象归罪于神。当然，无论任何人力不可抗拒的自然现象，只要我们凭着信心向神祈求，都可以克服。

那么，"他藉知识打伤拉哈伯"是什么意思呢？

"拉哈伯"意味着世上的智谋、方略，包括各种邪术、诡计和阴谋。就是说神藉知识打破这一切。

约伯说这话是因为自以为公义虔诚，博学多智。意思是神"强行打破"了约伯的智慧。

第13节说"藉他的灵使天有妆饰"是在讲说天的美丽。高阔的蓝天上，朵朵白云悠然徜徉。云朵种类各异：有卷云、卷积云、层积云等等。

有的貌似人像、有的形同狮面、有的犹如世界地图……形形色色，美轮美奂，蔚为壮观！乘机俯瞰云山云海奇观，更是令人心旷神怡，美不胜收。遥望高空，白云飘移，日光灿烂，月光皎洁，星光璀璨，银河浩淼；下白雪，降雨露，旧约时代还降吗哪和鹌鹑。

"他的手刺杀快蛇"，借以表示神的"坏性子"，是约伯负面情绪的宣泄，要揭晓神的"不义"和"可怕"。

　　他说"刺杀快蛇"，是因为他想起所曾听闻的摩西领以色列民进迦南地的过程中，以色列民因悖逆神的缘故，多人被蛇咬死的事件。

　　神拯救善人，成全义人所求。患十二年血漏病的妇女，仅仅摸了耶稣的衣裳，神也照着她的信心解除她的病苦；一个穷寡妇奉献两个小钱，神却看重，喜悦她的善心，称赞她的信心。

　　神恨恶邪恶，除灭不义，如同刺杀快行的蛇。祂的慈爱无限，我们一个小小的善举，祂也永记不忘；悔罪改过，祂就饶恕，涂抹罪过，不再记念。

　　看哪，这不过是神工作的些微，我们所听于他的是何等细微的声音，他大能的雷声谁能明透呢？"（26章14节）

　　约伯说他至此所陈述的，不过是神轻微的举动，所听闻的关乎神的信息是微乎其微的。意思是：论及所听于神的"细微的声音"尚且如此惊心动魄，何况那大而可畏的声音呢！

　　约伯虽听闻细微的声音，说出来却是如此夸张的形容。鉴于此，在日常生活中我们应当竭力做到言语诚实。

　　主说："你们的话，是，就说是；不是，就说不是；若再多说，就是出于那恶者。"我们应当醒悟这个道理。凡无聊的、道听途说的、出于己意和论断的话，应当一概不说，要说只说自己亲自确认的有真凭实据的话。

　　身为神的儿女，我们应当活出真理，只说善言，只听善事，凡属恶的，一概不看，不听，不说。只要建立真信心，就可以免受熬炼。重蹈约伯的覆辙，只能受神的熬炼。

第二十七章

谁是真正的义人

1.约伯心里没有真义

2.义就是信从神言

3.约伯强调自己的完全

4.约伯属肉层面上的完全

5.复仇之心

6.约伯自站全能者的位教训人

7.没有宽恕的心怀——认为恶人必须灭绝

8.献祭的理由

"或是一个妇人有十块钱，若失落一块，岂不点上灯，打扫屋子，细细的找，直到找着吗？
找着了，就请朋友邻舍来，对他们说：'我失落的那块钱已经找着了，你们和我一同欢喜吧！'
我告诉你们：一个罪人悔改，在神的使者面前也是这样为他欢喜。"（路加福音15章8-10节）

1. 约伯心里没有真义

> 约伯接着说："神夺去我的理，全能者使我心中愁苦。我
> 指着永生的神起誓：（27章1-2节）

约伯声称"神夺去我的理"。仗着权势抢夺他人财物的人，无疑是个坏人。约伯说神抢去了他视如生命的义理，使他心中愁苦。

那么约伯为何说神夺去他的理呢？约伯借以表示自己愁苦的心境，因为他自以为平生凭着良心正直为人，神却无缘无故咒诅他、鞭答他，迫使他沦为这般粗俗之辈。亦即我本是正义的人，却因无辜遭神击打，失去了尊严。

约伯向来注重高风亮节，寻求智慧明哲，崇尚修身之道，并自以为义。因此他抱怨神把他这般高尚的人彻底击垮，使他沦为恶人。

2. 义就是信从神言

那么，什么是真正的义？

有位圣徒信中这样对我说："我的父母如何如何良善，平生为人处事以仁义为本，从未犯罪。"不信神的人谈何仁义！这位圣徒称父母为义，显然是对义有错误的认识。

以《圣经》上的摩西、耶利米、彼得、保罗等得神认可的神人先知或使徒为例，他们虽然因着行善的缘故，无辜遭人逼迫和苦害，却从未有过恶的表现。

　　司提反执事传福音的时候，遭恶人乱石击打而殉道。约伯若是处在这般境地，一定会向神诘问说："神啊，这不公平！我为你传福音，你却不保守我。凭什么让我遭恶人击杀？理由何在？"

　　然而，司提反执事非但没有这么说，反而跪下，大声呼求说："主啊，不要将这罪归于他们！"死在乱石之下。

　　神说"没有义人，连一个也没有"。但接待耶稣基督为救主，领受所赐的圣灵，顺着圣灵生灵的人，属灵的生命不断增长，渐渐变成属灵的人，成为真正意义上的义人。脱去"肉"性，打造善心，渐渐变成公义的人。因此经上说："因为人心里相信，就可以称义；口里承认，就可以得救。"（罗马书10章10节）

　　自古以来义人从不忌恨，从不抱怨，也从不咒诅，反而以宽容为怀，爱德兼备。这才是真正的义。义人就是按真理而行的人。义就是信神的道，并且谨守遵行。

　　约伯所认识的操守之道，乃是没有行为的义。也就是说，旧约时代的律法——以眼还眼，以牙还牙，并不算为真义。

　　右脸被打，转过左脸由人打，这是神的旨意，亦是真义。有人要拿你的里衣，连外衣也由他拿去；有人强逼你走一里路，就同他走二里，这才是真义。宽容、理解、服侍，甚至能为他人舍命的情怀便是义人的情怀。

从属灵的角度看，约伯没有义。朋友们好言好语相劝，他也按捺不住，与朋友们唇枪舌剑，激烈争辩。这不是义而是恶。

不信神的人没有资格论义。神爱我们，甚至将祂的独生爱子赐给我们，赎出我们脱离罪和死亡，获得永生。因此，不接待耶稣基督的罪乃为最大的罪，算不得仁义良善。

有人为我们舍命，我们也甘心为他舍命，这是理所应当的，就算做不到这一点，最起码也要有感恩的心。然而，很多人却并非这样，他们忘恩负义，却自以为为人良善。这跟不接待耶稣为主的人自称为义、自称为善没有区别。

约伯说他指着使他心中愁苦的全能者、永生的神起誓。约伯不仅肉体上承受着不堪忍受的痛楚，在心理上也承受着巨大的痛苦，故而抱怨称"全能者使我心中愁苦"。意思是：我本是秉行公义的人，却因神"夺去我的理"，如今却承受着肉体和心理上的双重痛苦。

约伯称神为"全能者"，乃是对神的挖苦和讥笑。"神夺去我的理，全能者使我心中愁苦"是约伯对神的不满情绪的宣泄。

约伯一会儿说神是不义的神，一会儿又说指着永生的神起誓，不合逻辑。他说"指着永生的神起誓"，等于是说指着虐待我的神起誓，而非指着慈爱的神起誓。可见约伯已是伤心到极处。

3. 约伯强调自己的完全

（我的生命尚在我里面，神所赐呼吸之气仍在我的鼻孔
内。）我的嘴决不说非义之言；我的舌也不说诡诈之语。
（27章3-4节）

约伯为何突然说这样的话呢？约伯是在表示自己的坚强，申明
自己不是奄奄一息的人，自己还有足够的气力完整地表达自己的观
点。他所谓"神所赐呼吸之气"乃是指他灵魂之气息。

例如：当对方说话颠三倒四，胡搅蛮缠的时候，人们往往会
说："我看你是昏了头了。说话越来越不着边际，好像痴人说梦，
我看你是疯了！"便不肯再理会了。

约伯在强调自己头脑健全。因为朋友们越来越不屑他的言语。
他声称神夺去他的理，折磨他的灵魂，朋友岂不更加激愤难耐，又
要对他兴师问罪吗？岂不说他是个蛮不讲理，不可理喻的人呢？

关于神的"坏处"，约伯还没有道尽，但朋友们若是充耳不
闻，说了也是白说。于是，约伯借助此话引起朋友们的注意力，以
便继续倾诉自己心中的不满。

约伯声称："我的嘴决不说非义之言；我的舌也不说诡诈之
语。""非义"的词义为"不义，不合乎道义"；"诡诈"则指"用
似是而非的、欺骗的话取信于人，使自己得利"。

约伯所认为的"不义"是：凭空捏造、无中生有。诡诈则是指

弄虚作假、招摇撞骗，比不义更恶一层。

约伯从未欺骗过别人，故说"我的嘴决不说非义之言"。我说这些话，是因别人惹动我的缘故，故不算非义；别人不惹我，我是不会与人争闹的——这是约伯所持有的观念，因为约伯是属肉体的人。

然而，从属灵的角度看，不能恒久忍耐也是不义、恨人也是不义。约伯认为"人若恨我，我也恨人"不是非义。因为按旧约时代的律法，人可以以眼还眼，以牙还牙。

神赐这样的律法与人类，是因着人心的顽恶。在旧约时代，人们靠自身的力量是难以作成心里的割礼，然而新约时代，则是因圣灵的内住，人们可以靠圣灵的帮助作成心里的割礼。通过心里的割礼，人就可以达到爱仇敌的境界。

4. 约伯属肉层面上的完全

> 我断不以你们为是，我至死必不以自己为不正。我持定我的义，必不放松；在世的日子，我心必不责备我。（27章5-6节）

尽管口中不停地宣泄非义之言，约伯仍然执迷不悟，坚称自己是公义的。约伯断言"我断不以你们为是"，因为他认为自己是只说实话的完全人，而朋友们却满口污蔑诡诈。

从属肉的层面上讲，约伯是没有虚假的。他为人正派，力求言语真实，不偏不倚；诚实守信，不欺不诈，故蒙神的认可。他说"我至死必不以自己为不正"。暂且留意"至死"一词，意思是到死为止，他也必不认为自己所为不端正。从这句话中也可以窥见约伯诚实的为人。

换了别人或许会说"我就是死了也必不以自己为不正！"这岂不是谎言吗？死后世界如何他知道吗？况且死后还能做什么呢！人死了就不再自由了，毫无能力做自己想做的事。

约伯之所以坚称自己完全，是因他认为自己品性完美，行事为人诚实可靠。他的应对举措是本于以眼还眼，以牙还牙的律例，故一点也没错。

神所认可的完全是：不论遇到何事，也不以恶相对，反而心存喜乐感恩。在属肉的人群中，约伯堪称是完全正直的人。从属灵的角度看约伯是恶的，但从属肉的角度看则是善的，因为他从未欺哄人，从未行过诡诈的事。

从属灵的角度看，约伯则不完全，但神看中了他行为的端正。就因看中他行为的端正，神才定意要造就他成为完全，亦即造就为属灵的人，为此神对约伯进行这般熬炼。与人不和睦的人绝非完全人。只有除去自以为是的心，才能离绝论断和定罪，得与众人和睦，从此便不再有可恨的人，只有顺着神的吩咐彼此相爱，互相服侍。

知识和修养因人而异；价值观、风俗习惯等也因国家和地区的不同而呈现差异。因此人不能自以为是；不能自以为道德高尚而总要指正别人。

假如有人只有小学文化，不善措辞，应当设身处地予以理解，不能小看或轻视。这种骄傲的心，应当从我们心中彻底清除。到了天上，神衡量人的价值不在于在世积累多少学问，而在于弃罪成圣，打造灵心的程度。

第6节说："我持定我的义，必不放松，在世的日子，我心必不责备我。"

约伯声称持定至今所说的辩词、义理，必不放松，固执地坚持自己的主张。从中可以看出约伯超常的毅力与勇气——只要认准是正义的事，他就笃信不移，遵行到底。事已至此，换了常人，心里的防线也许早已垮塌，以至妥协退让，但约伯却不是这样。

这样的品性是可嘉的。凡认定为真理的，根深蒂固地植入心底，坚守不渝。真理在心里没有牢牢扎根的人，则坚持不了多长时间，感觉对自己不利，或者遭到威胁，心志就改变了。因为秉性诡诈的人，出尔反尔，反复无常。

约伯因终身持定自己的义，故称"在世的日子，我心必不责备我"，坦然讲述自己问心无愧的生命经历。论到约伯的心志，对正义的事，他可以用生命持守。他帮补穷人、扶助弱者，一生力行善义，从未做过损人之事。

然而神要的是约伯灵的实质内涵，而不是"肉"的外在仪表，这便是神务须熬炼约伯的缘由。

5. 复仇之心

"愿我的仇敌如恶人一样，愿那起来攻击我的，如不义之人一般。不敬虔的人虽然得利，神夺取其命的时候，还有什么指望呢？患难临到他，神岂能听他的呼求？（27章7-9节）

约伯自以为完全，但他滔滔不绝的陈词中错谬百出。约伯将敌对自己的人当作恶人，说"起来攻击我的，如不义之人一般"。

约伯所谓的"不义"，是情理难容之事。在约伯看来，朋友们对他指错、责备本身就是不可容忍的事。凡攻击他的，都是不可容忍的人，故称其为不义之人。

约伯自以为是义人，故认为攻击他的人都是恶人。起来攻击他的，都是偏离正路的不义之人。在约伯的观念里，凡行事与自己相反的，都是恶劣之徒。

然而，约伯对起来攻击自己的人，以同样的方式进行还击，便同样也成了不义之人。约伯的反击，遭致朋友们愈加刻毒的攻击。朋友们一反安慰约伯的初衷，变得如此地恶毒，都是约伯自己惹起的。约伯也是因着朋友们变得更恶。互相辩论争闹，便是同恶相济，泾渭不分。

要结束辩论，必须要有判断是非的真理，然而他们没有真理，故各执己见，争论不休，恶心发作，愈显愈甚。

第8节里约伯说不敬虔的人得利。此时约伯开始借以比喻向对手旁敲侧击。他认为自己是个敬虔的人，如今却落得悲惨的境地，沦为无用的废人。

反之，现在与他作对头的朋友们虽是不敬虔之辈，却是得利。若直截了当地这么讲，定然招致朋友们的蜂拥夹击，于是约伯用比喻来斥骂他的朋友们。

约伯教训朋友们说，神夺取性命的时候，你们照样也和我一样没有指望。

"我本是敬虔之人，却不幸遭神恶意的击打，如今沦为这般地步，你们虽是不敬虔之辈，反而得利，饱享美福。不过等着瞧吧！我有命终之时，你们也不例外，结局都是一样：没有指望！"

约伯强调人死后的光景都是一样。然而，有属灵生命之人和不敬虔之人的死是截然不同的。面对死亡，自坚其操守者，会愉悦坦然地接受，然而不敬虔之辈则是在恐惧和痛苦中承受。有生命的人一生正直为人，故在死亡面前坦然无惧，而没有生命的人终身不义为事，故在死亡面前战兢恐惧。

第9节说："患难临到他，神岂能听他的呼求？"

约伯说话，是随着己意而非依照真理。神说："并要在患难之日求告我，我必搭救你，你也要荣耀我。"（诗篇50篇15节）这是神不变的约言，就是罪人悔过自新，向神求告，神必垂听，成全其愿。

约伯之所以如此断定，是因为他觉得像他这样完全的人撕心裂肺地向神呼求哀告，神尚且置若罔闻，别人更是希望渺茫。

6. 约伯自站全能者的位教训人

他岂以全能者为乐，随时求告神呢？神的作为，我要指教你们，全能者所行的，我也不隐瞒。（27章10-11节）

意思是：像我这样的义人尚且未能讨神喜悦而遭受试炼，而且求告神毫无效验，何况你们这些不敬虔之辈呢？甚至说："神的作为，我要指教你们"，一个从未经历过神，连自己受熬炼也不知何故的人，居然扬言向人指教神的作为。

约伯自站神位妄称："全能者所行的，我也不隐瞒。"约伯要将自己侍奉神的经验，以及受熬炼的过程中所获得的心得体会，毫无保留地指教朋友们。可想而知约伯接下来的陈词会是多么荒谬可笑。

当今世界也有这样一群人，以自己的学识和理念，经著典籍，或者古人的遗传取代神真理之道，用来作为对人判断、定罪的砝码。在耶稣时代，将耶稣钉在十字架上的不是别人，正是那些大祭司、祭司长、文士和法利赛人等自以为精通律法的人。

如今牧会者和传道人，教导羊群务要谨慎，在正确解悟神的道之前不能随意讲论，以免发生误导。错解或强解神言，并教导圣徒，便是瞎子领瞎子，后果不堪设想。

7. 没有宽恕的心怀——认为恶人必须灭绝

你们自己也都见过，为何全然变为虚妄呢？神为恶人所定的份，强暴人从全能者所得的报（"报"原文作"产业"）乃是这样：倘或他的儿女增多，还是被刀所杀，他的子孙必不得饱食。他所遗留的人必死而埋葬，他的寡妇也不哀哭。（27章12-15节）

"你们岂不都见到了神无故击打我这义人，使我受尽凌辱和痛苦吗？可你们反而叫我悔罪改过，并寻求神，你们怎能如此荒谬！"

神是灵，约伯却凭着肉体揣度神，故抱怨神是独断专行的不义的神。各位应当借鉴约伯此时灵里的光景，深省自身是否有相同之处，不能以为事不关己。

"强暴人"是指凶残暴虐之徒。

那么，约伯为何说恶人或强暴人必须受神的审判，落入悲惨的境地呢？

在信主之前，不认识真理的时候，见到恶人或强暴人，你是否想过或者说过"这种人应该遭殃，不得好死"之类的话呢？这是因为持有恶人应当遭报的观念。

约伯也是这种心态。然而，心存真理之人的心不是这样，对此前面已提到过。

第14-15节说："倘或他的儿女增多，还是被刀所杀，他的子孙必不得饱食。他所遗留的人必死而埋葬，他的寡妇也不哀哭。"约伯是在宣泄心中的愤慨。他发咒说：强暴人倘或儿女增多，还是被刀所杀；其子孙必不得饱食。约伯心中憎恶恶人，甚至希望恶人断子绝孙。

约伯说："他所遗留的人必死而埋葬，他的寡妇也不哀哭"。约伯的苦楚和伤痛是可以理解的，但再痛苦，也不能巴望别人也像自己一样倒霉啊！然而，大多数人普遍存在这种心理——自己遭难，希望别人也遭难。照真理说，自己虽然遭难，也应当庆幸别人的平安。

约伯想自己身为义人尚且落得这般地步，恶人的遭遇岂不要更惨！于是用凭着想象所虚构的恶人的末路来告诫他的朋友们。

约伯说："他所遗留的人必死而埋葬，他的寡妇也不哀哭。"可见约伯心里毫无宽恕之心，他认为恶人必须全部灭尽。

然而，这是人们普遍存在的心理。像约伯这样正直完全的人尚且如此，何况品性不及约伯的人若是处在约伯的境地，会出现何等刻毒邪恶的表现，可想而知。

他虽积蓄银子如尘沙，预备衣服如泥土，他只管预备，
义人却要穿上；他的银子，无辜的人要分取。（27章
16-17节）

物以稀为贵，银子积如尘沙，便丧失其价值。泥土遍地都是，
也是不值钱的。约伯说："预备衣服如泥土，他只管预备，义人却
要穿上"。约伯顺着人意说：恶人所积蓄的金银财宝，锦衣玉食，
应当全都归给无罪的人。

在世上，人们看见富豪就心想，或扬言："这人庞大的资产，
无非是剥削穷人，以不义的手段聚敛的。应当把这恶人的财产分给
那些穷苦的人们。"

这种想法是不对的。有人出身贫寒，却抱着致富的梦想奋力打
拼，积累许多财富；有人承受遗产，却吃喝嫖赌荡尽家财。富人当
中用财力支持公益事业或慈善事业的也不乏其人。

这就是真义之人的情怀，宁可饿死，也不取非我之物；拒绝不
劳而获的贪心，持定劳有所得的原则。可见约伯对义人和正直人的
概念，在很大程度上理解有误。

8. 献祭的理由

他建造房屋如虫作窝，又如守望者所搭的棚。他虽富足躺

卧，却不得收殓，转眼之间就不在了。（27章18-19节）

约伯说"他建造房屋如虫作窝"，是一种形象的比喻，藉指：恶人建造房屋，必遭毁坏，蛀虫啃噬其木柱、栋梁，导致内部空洞，终至坍塌，变为废墟。

"守望者所搭的棚"是指用来守丧，或把守某种物件的棚屋，由于临时搭建，粗糙简陋而不牢固，稍经风吹，轻易坍塌。

我国从前盛行父母去世儿女守着坟墓哀哭三年的习俗。

约伯切愿富人的家道，如守望者所搭的棚，早日败落。俗话说"看到堂亲买地自己肚子疼"（韩），表示见不得别人好过自己，约伯心态也与此相仿；恶人富有，看不顺眼，巴望其败落。

当今世界，信神的人当中有这样一群人，爱拿别人的财富、衣着、饮食说三道四，妄加论断、定罪，这是出于邪恶之心。

善人衷心祈愿别人远离痛苦，常享福乐。他们不愿恶人穷苦一生，乃愿在世富足安康，因为他们没有救恩，注定死后永世受苦。

"或是一个妇人有十块钱，若失落一块，岂不点上灯，打扫屋子，细细地找，直到找着吗？找着了，就请朋友邻舍来，对他们说：'我失落的那块钱已经找着了，你们和我一同欢喜吧！'我告诉你们：一个罪人悔改，在神的使者面前也是这样为他欢喜。"（路加福音15章8-10节）

这里十块钱是指十德拉克马（Drachma），德拉克马是罗马以前时代的希腊铜币。一德拉克马数额并不大。

意思是：就像这位妇人执着地寻找失落的一块钱一样，即使是一个恶人，也不能恨他，反要凭着爱心迫切地为他祷告，使他回心转意，归入正道。无论怎样邪恶的强暴人，我们也当由衷地祈望他转离恶道，获得救恩，归入主怀。

极恶之徒遭报速亡，不是神所愿意的，神也不喜悦人心存这种恶念，祂希望人能对他们心存怜悯，凭着爱心去感化。约伯的话显然是不对的。

神希望我们以善感化恶人，抚平其心灵创伤，体现出基督徒的本色。我们当心存良善和仁爱，一个人心地再顽恶，也应当极力救拔他，因为若是置之不顾，他必然下入地狱。

第19节说："他虽富足躺卧，却不得收殓，转眼之间就不在了。"

世人希望死后与祖同葬，以为这样或许能减轻悲戚或孤独感。不信神的人心中有对死亡的恐惧，因此觉得与亲人或祖宗同葬一处，可以有个伴，心里踏实一些，可以减轻恐惧感。

我们的祖宗为何希望后代祭奠自己呢？

其一是对独自踏上阴间之路感到恐惧；其二是要解脱死后的孤寂。正由于如此，为人父母的都要倾其"赤诚"向祖献祭，对儿女"言传身教"，以免死后无人记念，无人供奉，落得孤苦凄凉。

觉得若与祖宗同葬一处，就可以常被记念，总会有人献祭供奉，于是对子孙谆谆教导：祭祖乃是天经地义，违者则为大逆不道，并故作示范，在祭祖事务上显得格外虔诚，一丝不苟。

有的人对因信神之故拒拜祖先的儿女大发雷霆，甚至胁迫道："若是不从，就给你革除户籍，断绝父子关系！"因为怕自己死后沦为鬼魂，无人祭奠奉上供物，会四处游荡"忍饥挨饿"。

祭祀的人是承认鬼的，就传福音而言，这反而是有利因素；承认鬼等于承认灵界，承认灵界就可以承认灵界的主宰——创造主神，只要灵巧地传道，即可叫人心服口服，归主名下。

> 惊恐如波涛将他追上，暴风在夜间将他刮去。东风把他飘去，又刮他离开本处。神要向他射箭，并不留情。他恨不得逃脱神的手。人要向他拍掌，并要发叱声，使他离开本处。（27章20-23节）

夏季疾风骤雨来袭，决堤洪流顷刻冲毁、夷平房屋、田产等一切。约伯以"惊恐如波涛将他追上，暴风在夜间将他刮去"，形容惊恐骤然临到恶人。

人们往往指着恶人说："这等人天理难容，天怒人怨，必遭报应！"说这样话的人，其心何等恶毒，前面已经探讨过。神并不向恶人射箭，也不无故驱逐恶人。

神是慈爱的神，对于恶人，祂恒久忍耐，直等其悔改归正；信祂的子民偏行不义，祂就施以管教，使其经过熬炼醒悟其罪，归入正道。

第23节里，约伯说："人要向他拍掌，并要发叱声，使他离开本处。"意指见到恶人遭报，众人拍手称快，怒发叱声驱逐本地。

然而这等心态，乃是恶者所有，迥异于义人之情怀。这是以恶事为乐，亦即幸灾乐祸之心态，与恶者并无区别。善义之人，宽仁为怀，凡事包容。创世记里的约瑟，岂不也宽恕并供养卖他为奴的兄长们吗？

与童贞女马利亚订婚的约瑟，也是一个尚义宽仁慈善为怀的人。一天约瑟得知所聘之妻马利亚有了身孕，无论怎样想，这显然是行淫所致，因为约瑟从未与其同床。

按照律法，这种罪是要处以乱石击杀之极刑，但约瑟的心灵纯净、良善和公义，不肯将此事外扬，或用石头将她打死，反要予以宽恕，想要暗暗地把她休了。

第二十八章

约伯以大自然为比喻讲论神的智慧

1. 人意的查究和灵里的查究

2. 地内火焰翻腾

3. 约伯论智慧和明哲之源头的用意

4. 约伯抱屈声讨神的"独断专横"

银子有矿，炼金有方。铁从地里挖出，铜从石中熔化。人为黑暗定界限，查究幽暗阴翳的石头，
直到极处。在无人居住之处刨开矿穴，过路的人也想不到他们；又与人远离，
悬在空中摇来摇去。（28章1-4节）

1. 人意的查究和灵里的查究

> 银子有矿，炼金有方。铁从地里挖出，铜从石中熔化。人
> 为黑暗定界限，查究幽暗阴翳的石头，直到极处。在无人
> 居住之处刨开矿穴，过路的人也想不到他们；又与人远
> 离，悬在空中摇来摇去。（28章1-4节）

措辞激昂地阐释恶人理当受咒诅的约伯，突然转变话题，论起金银铜铁。那么约伯为何说这些话呢？

约伯费尽唇舌力辩清白，然而朋友们却置若罔闻，无动于衷，便深感郁闷和无奈。于是开始自言自语，至于对方听不听无关紧要，想说什么就说什么。

金、银、铜、铁是在人类生活中用途最为广泛的主要矿石。唯独人类有能力开采它们。

约伯说这话，目的不在说明矿石的来源，若要解开这段经文的内容，务须澄清约伯言中之意。

约伯思量与生活息息相关，又经过人类所开发出来的物质，便想到了金银铜铁。约伯所要表明的意思是：这些矿石之所以能够走进千家万户，造福人类，乃是因为有开采的人。

约伯试图藉着金银铜铁揭示万物之本源。大地有丰富的资源储藏，人类经过探查、发现、开采、加工和利用，发展了科学和文明。

人类如果没有开发资源，就无法取得如今这样高度的文明发展。同样，我们应当查究万物之灵长——我们人类的起源、生存目的、生命取向。

第3节说："人为黑暗定界限，查究幽暗阴翳的石头，直到极处。"意指查究到底，古往今来人类对大自然的探秘和查究从未间断过，这又促成了科学的发展。

"阴翳"是指被阴影笼罩之貌，如同乌云遮天，大地阴暗。幽暗是指幽静而昏暗。

智慧的约伯将黑暗分为阴翳和幽暗，细致地讲述他的道理，以求达到点醒朋友的目的。

约伯指的"黑暗"是广义，囊括阴翳与幽暗，地上为阴翳；地底下为幽暗。旨在解释气象规律所演绎的光暗交错的现象。

约伯是在讲述人类开发和提炼金银铜铁的过程。就是说人类穿梭于阴翳和幽暗间，深挖细测，探查发现并提炼生产金银铜铁。

科学发达的如今，人类开采矿石，仍需付出艰辛。人类生存所需的矿石，是从黑暗中获得的，然而，我们生命之本——创造主神，唯独能在光明中得见，亦即我们只有遵行神真理善道时，方能寻见这位独一的真神。

为了获得矿石这一属肉之物，人尚且需要付出艰辛的劳动，更何况获得永不衰残的属灵的福气呢？我们既有这等盼望，理当欢喜承受当受的熬炼。

第4节说："在无人居住之处刨开矿穴，过路的人也想不到他们；又与人远离，悬在空中摇来摇去。"

从前，人们为了开采金、银、油、煤，远离家园到荒无人烟的矿山。采煤需要挖深地穴，矿工要在地下深处工作。海上开采石油，也需要钻井钻到极深的地层。在地下深层，与人远离，与世隔绝，其生存环境危机四伏，命悬瞬间。

约伯那个时代，采矿设备简陋，矿穴坍塌，矿工活埋地下的事故频频发生。技术装备发达的现今也不例外，开采矿物资源，仍存在着诸多风险。

2. 地内火焰翻腾

至于地，能出粮食，地内好像被火翻起来。（28章5节）

地面上生机盎然，种子落地，生根发芽，开花结果，地内则是有火燃烧。

约伯早在数千年前就已明白这个道理，可见他的智慧和聪明非同寻常。地内有火燃烧，乃是现代科学研究的成果。

现今科学把地球的结构，由地表至地心依次划分为地壳、地幔、地核，地核又分为外核与内核。地壳是指有岩石组成的固体外壳，地球固体圈层的最外层，整个地壳平均厚度约17千米。地幔是地球的中间层，在地壳下面，厚度约2865千米，主要由致密的造岩物质构成，要占到地球体积的约80%。

地幔下面是地球的核心部分地核。地核分为外核和内核，外核厚度大约2200千米，与内核一样由液体的铁和镍构成；内核是地球的中心，呈球形，半径大约1300千米。

内核温度高达6000摄氏度，与太阳表面温度差不多，但因巨大的压力呈固态。外核的温度与内核没有多大差别，但压力比内核小，故呈液态。地壳变动导致火山地震此起彼伏，喷发出超过1000摄氏度的岩浆。

地内有火燃烧，造就地壳运动，同时造就了生命体赖以生存的最佳环境。

与此同理，我们内心有圣灵的临格，使我们得以重生，进入神的国度。凡接待耶稣基督为救主的人，都必领受所赐的圣灵，圣灵来到人的心里，使因着亚当的原罪而死丧的灵获得重生。

圣灵既来，为罪、为义、为审判，叫我们自己责备自己，指引我们离弃罪恶，活出义道，得进天国。

按灵意说，圣灵是火，人们常说"领受了圣灵的火"。当人领受圣灵，又顺着圣灵而行的时候，才能得着属灵的生命，走上永生的道路。

地中的石头有蓝宝石，并有金沙。矿中的路鸷鸟不得知道，鹰眼也未见过。狂傲的野兽未曾行过，猛烈的狮子也未曾经过。（28章6-8节）

矿石中含有黄金。将含金的矿石用锤子打碎并放进盛水的盆中，就可以发现金沙沉在盆底。淘金者探寻金矿脉，采得金矿石或各种矿石，其中也有蓝宝石。

鸷鸟或老鹰在千米以上的高空盘旋，也能把地面上的小动物看得一清二楚。发现猎物，就像利箭似地俯冲地面，利用强壮锐利的脚爪转瞬抓取猎物，顺势振翅上腾，凌空翱翔。

约伯的意思是：就是如此厉害的鸟也无从识别石头中有宝石。按灵意讲，若不是圣灵给人开启灵眼，人有眼也不识救恩之路。《圣经》中包含着祝福的圣言，然而人被心中的贪婪所蒙蔽，便看也看不懂，听也听不明白。

狂傲的野兽，比如老虎、狮子、大象、黑熊，也无从辨别石头中含有金子与否，更不会寻求那路径，就算能认出金子，也不会知道那是人类珍视如命的宝物。

人也不例外，即使有声望、知识和权势，也无从发现《圣经》中蕴藏的"宝石"；靠着功名利禄是无法获得救恩的。唯独靠着圣灵的帮助，打开心门，接受真理，方能得救。

无论具有卓越本领的鸷鸟或老鹰，还是任何狂傲凶猛的野兽，都无从发现并得享美好的事物。

人以灵、魂、肉所构成。兽类则只有魂和肉，而没有灵。人藉着灵寻求神，并经历神。

"人伸手凿开坚石，倾倒山根。在磐石中凿出水道，亲眼看见各样宝物。他封闭水不得滴流，使隐藏的物显露出来。
（28章9-11节）

人有智慧，可以摧毁岩石，把山夷平。又可掘开山洞，开辟公路，还可搬山填海，铺设滩涂。还可在深海采油，在河中淘金，在山野采矿。"封闭水不得滴流"是指拦河筑坝造人工湖泊等工程。人迥异于兽类——有智慧，可以为所欲为。

因而智慧的开端——全能之神若与我们同在，我们便无难成之事。人凭着智慧淘金采玉，但人真正要"开采"的乃是耶稣基督——真理。这地上的宝石注定归为虚空，人应当寻求蕴藏在《圣经》中的永恒珍宝——真理，以为灵粮，获得永生。

3. 约伯论智慧和明哲之源头的用意

"然而，智慧有何处可寻？聪明之处在哪里呢？智慧的价值无人能知，在活人之地也无处可寻。深渊说：'不在我内。'沧海说：'不在我中。'（28章12-14节）

一直倾诉神的"不义"的约伯，突然开始说赞美神的话，继续往下读，便可得知约伯的用意何在。约伯高举神乃是另有所图，是要得朋友们的认同。

约伯一直极智穷思，据"理"力争地向朋友们辩白，却始终遭到排斥。于是约伯暂且退一步，养精蓄锐，更换策略，反问智慧和明哲的源头何在。

智慧的词义（韩）为：理解事物和分辨是非善恶的能力。明哲是指明智、通达事理。智慧和明哲的源头就是神。智慧分为两种，一是出于人的属肉的智慧；一是从神来的属灵的智慧。

敬畏神的人可以领受上头来的属灵的智慧。论到领受神的智慧的人，可数亚伯拉罕、约瑟、大卫、所罗门、但以理先知等。他们本着善心侍奉神，领受神的智慧，治理国度，训导百姓。

凡敬畏神的人都能领受从神来的智慧，神的智慧可以更新人的心意。可以熔化刚硬的心，可以使人转怒为喜。

然而，约伯虽是智慧人，然而当他处于患难时，智慧却毫无功效——未能说服一个朋友。别说是朋友，连他的妻子、邻人，甚至家仆也都对他蔑视和嘲笑。人靠自己的智慧，只能落得悲惨的地步。

第13节说："智慧的价值无人能知，在活人之地也无处可寻。"

约伯是个聪明人，悟性过于常人。他曾是个大富豪，兼具爱心与德行，毫无缺乏。他自诩以智慧为自己为人处世之道，后来他渐渐悟到智慧的真谛——智慧的价值远超财富、名声、权势；有了智慧便是有了一切。

约伯的智慧是属肉的智慧，借此连自身的问题都解决不了。朋友们所谓智慧的劝诫也对他毫无助益。曾经自以为智慧超群，无人能及的约伯，慨然道："智慧的价值无人能知，在活人之地也无处可寻。"

海啸时掀起的狂涛，其威力之巨大，足以摧毁坚固的防洪堤、夷平海岸的建筑群。无论在巨大的深渊中，还是在浩瀚的大海中，智慧仍是无迹可寻。

属神的智慧，不是凭学问可以获得，也不是用金钱、名望和权势所能买到，唯靠信心的分量才能获取。

约伯已然悟出这个道理。他曾认为自己是智慧人，以为说服朋友易如反掌。谁知自己的话非但无人肯听，甚至遭到家仆们的嗤笑和唾弃。回顾着这些事，约伯开始深思智慧的本质和来源，最终彻底醒悟智慧的源头就是神。

> 智慧非用黄金可得，也不能平白银为它的价值。俄斐金和贵重的红玛瑙，并蓝宝石，不足与较量；黄金和玻璃不足与比较；精金的器皿不足与兑换。珊瑚、水晶都不足论；智慧的价值胜过珍珠（或作"红宝石"）。古实的红璧玺不足与比较；精金也不足与较量。"智慧从何处来呢？聪明之处在哪里呢？（28章15-20节）

约伯罗列各种宝石，其中提到玻璃，因为当时玻璃也属于一种珍品。约伯列举人们珍视的重价宝石，讲述智慧的价值无与伦比，无论怎样贵重的宝石也都不足与比较。宝石是人们富足与奢华的象征，富人喜欢以各种宝石妆饰自己。

然而，从属灵的视角看，对人真正有价值的，乃是离弃各样恶事，打造圣洁的心灵，从而获得灵魂兴盛，凡事兴盛，身体健壮的祝福。

第19-20节说："古实的红璧玺不足与比较；精金也不足与较量。智慧从何处来呢？聪明之处在哪里呢？"

约伯反复强调智慧的可贵。金钱并非万能，这个世界上有很多事，是用金钱解决不了的。然而，当我们成圣，从神领受智慧，便没有难成的事了。

除去各样的罪恶，照圣灵的指引而行，就可以成为圣洁，就可以打造清洁、和平、温良柔顺，满有怜悯，多结善果，没有偏见，没有假冒的心灵（雅各书3章17节），结满圣灵之果，以主的心为心。这种真理的心，全由圣灵所掌管。

当我们这样预备整齐，并向神求智慧时，神必赐我们属天的智慧。这一智慧乃是连神深奥的事都参透的圣灵与我们心里所存的真理同工所产生的。

4. 约伯抱屈声讨神的"独断专横"

是向一切有生命的眼目隐藏，向空中的飞鸟掩蔽。灭没和死亡说：'我们风闻其名。'""神明白智慧的道路，晓得智

慧的所在。因他鉴察直到地极，遍观普天之下。（28章
21-24节）

　　"一切有生命的"是指一切动植物。约伯说这些是有目的的。
他说"向一切有生命的眼目隐藏，向空中的飞鸟掩蔽"，是要表示
神是专权者。神随自己的意旨限定万物，预定万事。
　　约伯用比喻申述神的预定。他提到："灭没和死亡说：'我们
风闻其名。'"这里灭没和死亡非但指实际意义上的死亡，也指原
本应有尽有的人落得一无所有之境地。约伯觉得现在自己的处境
无异于死亡的状态。
　　约伯现在所有的都被毁尽，仅有气息残留，除了等死别无选
择。于是借以"灭没和死亡说：'我们风闻其名。'"这一描述来表
示自己行在死荫之地，乃是神预定的结果。
　　第23-24节说"神明白智慧的道路，晓得智慧的所在。因他鉴
察直到地极，遍观普天之下。"意思是：神是万有的主宰，祂预定
万事，通晓万务；因为神鉴察万物，直到地极，参透万事，无所不
及，故能如此预定万事。约伯是在论神的"独断专权"，然而神绝
不是这样的神。

要为风定轻重，又度量诸水。他为雨露定命令，为雷电定
道路。（28章25-26节）

约伯声称神"为风定轻重，又度量诸水"，亦是指神的预定；甚至说刮风降雨，闪电打雷也在神的独断预定使然。总意就是一切尽在神的预定之中，我约伯虽是义人，却无辜受神预定之害，落入这般苦境。

约伯的观点显然是错谬的。神知道人类生存所需，就为人类造就了最佳环境。使宇宙万物在神所设定的井然次序和规律中，相互配搭协调运转，造就人类赖以生存的最佳环境。设定诸水的限量，调节风的轻重。

神"为雷电定道路"，旨在降雨滋养大地。是出于自然定律，是对降雨的预告。

约伯所要表达的意思是：神随自己的益处，专权独断，预定一切，使万物都为祂自己的利益服务。约伯再次申明神是"不义"之神，他自己则是公义之人。

如今科学文明的高度发展，给当今人类带来不少益处，但必须要为对大自然无可弥补的破坏，以及严重公害买单。这都是人类心中的贪婪恶欲所导致的严重后果——风云失控，雨露失调，气候变异……原子弹或氢弹的爆发也会导致风和云的流程改变。总之，这些现象，都是人类出于贪婪，超越神所设定的自然规律的限制所导致的结果。

然而这一切都是在神许可的限度内发生，绝不会超脱神所设定的原则框架。人类之所以不能超脱神原则的框架，是因为神为使人类得以生存，为万物设定了极限。

那时他看见智慧，而且述说；他坚定，并且查究。他对人说：'敬畏主就是智慧，远离恶便是聪明。'"（28章27-28节）

约伯说"敬畏主就是智慧"，因为神就是智慧的源头。神使敬畏祂的人，常被祂的灵所感，使他人生道路上有神随时的保守和指引。

箴言8章13节说："敬畏耶和华，在乎恨恶邪恶。……"；箴言9章10节说："敬畏耶和华是智慧的开端，认识至圣者便是聪明。"

敬畏是指顺从。敬畏神的人，必然顺从神的道。顺从神道的人，会遵着神的吩咐，该离弃的离弃，当遵守的遵守，须遵行的遵行，不可做的不做。当人这样活出神道的时候，就能离开罪恶，灵魂兴盛。

大卫、约瑟、但以理等敬畏神的人，常蒙神的同在和指引，凡事亨通，凡事顺利。

又说"远离恶便是聪明"，"聪明"是指有智慧才识，明察事理。人远离了恶，就可以获得属善的智慧，只有善念美意，自然聪明睿智，明察事理。

第二十九章

约伯回忆往事

1.追忆幸福的往事

2.属肉的善和属灵的善

3.约伯曾经深信自己地位声望日渐增新

4.受人推崇享受君王般的尊荣的结局

我便说，我必死在家中（原文作"窝中"），必增添我的日子，多如尘沙。我的根长到水边，
露水终夜沾在我的枝上。我的荣耀在身上增新，我的弓在手中日强。（29章18-20节）

1. 追忆幸福的往事

约伯又接着说："惟愿我的景况如从前的月份，如神保守我的日子。那时他的灯照在我头上，我藉他的光行过黑暗。（29章1-3节）

约伯在回想神与他同在的往事。"从前的月份"是指过去的许多年日。人遭受痛苦的时候，往往先是哀怨和悔叹，继而默然回想往事。

约伯说"那时他的灯照在我头上"，是指自己过去即使在黑暗中行路，甚至走在死荫的幽谷，都有神的同在，故即使在幽暗中，也如行于光中。形容自己曾经不畏黑暗，胸有成竹志在必得时的情形。

我愿如壮年的时候，那时我在帐棚中，神待我有密友之情；全能者仍与我同在，我的儿女都环绕我。奶多可洗我的脚，磐石为我出油成河。（29章4-6节）

"壮年的时候"，就是壮盛之年，是指约伯年富力强，家道欣欣向荣，繁荣兴旺的鼎盛时期。约伯说那时神待他有密友之情，家庭、产业常蒙神的同在和保守。

密友之情，乃是指腹心相照，亲密无间，彼此交流温馨真挚的感情。约伯在回忆从前自己亲近神，爱慕神，殷勤敬献燔祭，感受与神之间的"密友之情"时的情形。

约伯虽因不堪忍受的熬炼，埋怨神，并把神说成是坏神，但他仍然将过去的幸福时光归于神的赐福，在当前的苦境中也依然承认神，并记念神。

第5节里，约伯说那时因全能者与他同在，有儿女环绕他，可以享受天伦之乐，然而，现今因神已经离开他，才落得儿女尽亡、财产尽毁的悲惨苦境。

第6节里，约伯讲述神与他同在时的美好。他说"奶多可洗我的脚"，可想而知他生活富裕奢华之程度；又称"磐石为我出油成河"，形容其富富有余的景象。

若有人说不信神时的光景更好，那么他是个不懂神爱的人。对信神并仰赖神的人，神不会一味地成全他美好的心愿，有时也会使他经受熬炼，成为炼净的完全的器皿。从小为父母溺爱，娇生惯养的孩子，即使是长大成人，也会唯我独尊，不懂得服事自己的父母。父母对孩子不能一味地娇惯溺爱，应当按着真理，采取正确的教育方式，与其成长阶段相符，——该称赞的时候称赞，该严厉的时候严厉，该责打的时候责打。

> 我出到城门，在街上设立座位；少年人见我而回避，老年
> 人也起身站立；王子都停止说话，用手捂口；首领静默无
> 声，舌头贴住上膛。（29章7-10节）

约伯在讲述自己过往富裕之时的名望和地位。因他名望远扬，地位显赫，资财丰盛，甚至他出到城门，在街上就有人为他设立座位。

他说"少年人见我而回避，老年人也起身站立"，可见约伯鼎盛时期的权势威严何等可畏。假如君王路过村庄，孩子们会躲在大人背后，以惊恐惶惑的眼神窥视。但若乞丐或精神异常者路过，就会成群地追赶，戏弄和凌辱。少年人回避，表明约伯身份的高贵；老年人起身站立，乃是表明约伯受老年人的拥戴和景仰。

第9节说："王子都停止说话，用手捂口；首领静默无声，舌头贴住上膛。"说明约伯在群众当中曾有极高的威信，是一个口碑载道，众望所归的人。

然而，如此深孚众望的约伯，当他一落千丈，跌入悲惨境地时，却遭到众人鄙视和凌辱。连连面对家败人亡，疮疾缠身的不堪忍受的苦难，约伯自身也灰心绝望，大发哀声叹气，怨天尤人，甚至对人毁訾诽谤。过去虽然广行施舍，力显善义，但此举显明他与朋友们没有什么区别。可见约伯曾经的善行义举并非完全。

我们信神的人，不能看重人的富贵、权势和学问，而当注重人灵魂的实质内涵。人的根本价值价在于具有永恒不变的心志，我们应当爱戴和尊敬这样的人。

2. 属肉的善和属灵的善

> 耳朵听我的，就称我有福；眼睛看我的，便称赞我；因我拯
> 救哀求的困苦人和无人帮助的孤儿。将要灭亡的为我祝
> 福，我也使寡妇心中欢乐。（29章11-13节）

约伯从前受到众人交口称誉，博得民众爱戴和尊敬，声声祝福不绝于耳。然而，过去的辉煌已如南柯一梦，他必须要面对败落的现实，此时约伯的心情会是多么悲痛和哀伤呢？

对心灵伤痛的人，我们不能指指点点，应当给予安慰、勉励和盼望。这不是指着犯罪的人说的，乃是指着悔罪改过的人说的。

约伯曾经怀着恻隐之心，热心帮助过穷人难民孤儿寡妇。"将要灭亡的为我祝福"是指濒临灭亡的人因指望得到约伯的援助，为约伯祝福。

"我也使寡妇心中欢乐"是指约伯为寡妇帮扶解困，排忧解难，作她们的"救星"。

信主的人真正的善行不只是帮补孤儿寡妇。真正的善行乃是出于属灵的爱和属灵的善。扶贫帮困，算不得什么爱举和善行，只是信徒当守的最起码的道理，也是人义不容辞的责任。

约伯照顾寡妇，扶持穷人，只是肉体上的帮助，并没有使他们灵里受益。肉体上的帮助，只能使受惠者一时感恩，等到资助停止的时候，反会遭到对方责难和挖苦，甚至凌辱和唾骂。

而且施舍的人若是本着纯善的本性帮助了别人，就不应该像约伯那样非难别人说：从前我富有高贵的时候你们得到我的帮助就表示敬重，而现在我有难的时候你们却忘恩负义，对我鄙视和凌辱。

　　别人兴旺，有利可图，就巴结讨好，信誓旦旦；别人败落，无益可望，则憎嫌唾弃，忘恩负义，我们断不可作这样的恶人，我们是圣洁神的儿女，理当从心中除去这种奸猾诡诈的劣根。只求自己益处的贪婪的心、出尔反尔的诡诈的心，要从我们心中拔除净尽。带着这等丑陋污秽的心，我们怎能站在那无瑕疵，无玷污的新郎——主耶稣面前呢？

　　　我以公义为衣服，以公平为外袍和冠冕。我为瞎子的眼，
　　　瘸子的脚。我为穷乏人的父，素不认识的人，我查明他的
　　　案件。我打破不义之人的牙床，从他牙齿中夺了所抢的。
　　　（29章14-17节）

　　人穿衣遮体乃是天经地义。约伯说："我以公义为衣"，表示他自己生平秉行公义，为人处世无可指摘。约伯称自己将公义当作衣冠珍视，回想自己过往的义行。

　　约伯说他"以公平为外袍和冠冕"。这里外袍是指外出交际造访接客时穿的长袍，我国传统礼袍通常是交领大袖，四周镶边的款式。

因此"以公平为外袍"是指行事为人合乎做人的道理。比如儿女孝敬父母、兄弟彼此友爱等等。

这里冠冕是指王冠，表示人追求的目标，即指约伯以公义为信条，力行善义。

第15节里约伯称自己为"瞎子的眼，瘸子的脚"。盲人所处的世界一片黑暗，他们的生活凝聚着常人无法想象的艰辛和苦楚。其郁闷、无奈之情，可想而知！瘸腿的人常遭人们鄙夷和欺凌，其辛酸和伤痛，不言而喻！约伯就是成为他们的帮助和慰藉。

他又作"穷乏人的父"，赈济衣食无着的穷人。他还说"素不认识的人，我查明他的案件"，就是说对毫无交情的生人，他也乐意为其排忧解难，以助人为己任。

可见约伯力行义举，广行善事，口碑载道。他非但帮助那些合自己心意的人，也乐于为素不相识的人们排忧解难，这是何等善美的事呢？约伯实在是配得人尊敬和爱戴的人。这样的人，世上有多少呢？

即使是这样的约伯，当他彻底败落的时候，反而成为众矢之的，受尽蔑视和凌辱，可见人心何等奸邪诡诈！

第17节里约伯说："我打破不义之人的牙床，从他牙齿中夺了所抢的。"狮子被拔掉牙齿，会锐气尽失，丧失捕食能力，结果饥饿而亡。

强者更容易沾染不义。约伯说："我打破不义之人的牙床"，是指他彻底折服强者，制止其不义之行径，为受欺凌的弱者洗雪冤屈。仿佛所罗门智断二妇争子案，将子归还真母（列王纪上3章16-28节）。

凡贫苦之人，约伯都要施舍帮补。他以助人为乐的情怀，平生不知帮助过多少人。

3. 约伯曾经深信自己地位声望日渐增新

我便说，我必死在家中（原文作"窝中"），必增添我的日子，多如尘沙。我的根长到水边，露水终夜沾在我的枝上。我的荣耀在身上增新，我的弓在手中日强。（29章18-20节）

约伯说："我必死在窝中"（以原文为准），是指无罪善终，安然离世，"窝"意味着平安。接着说："必增添我的日子，多如尘沙"，表示自己在世的日子必然长久，因为自己家道兴旺之时广行善事。

以光明磊落自居，深信好人一生平安的约伯，怎么也没有想到自己的一切会这样毁于一旦，其心中的痛苦与悲伤，不言而喻！

没有人知道明天会发生什么事。然而遵行神道的人，他们的未来是有保障的。他们好比一个聪明人把房子盖在磐石上，房子总不倒塌。约伯没有把房子盖在磐石上，而盖在沙土上。于是神要熬炼他，使他能够建造永不倒塌的坚如磐石的灵宫。

第19节说："我的根长到水边，露水终夜沾在我的枝上。""根长到水边"意味着生息于流奶与蜜之福地，终身得享丰裕富饶。

"露水终夜沾在我的枝上"植物枝头沾满露水，便能终日保持青翠水嫩，喻指在和乐安康中迎接幸福的每一天。约伯深信自己因行许多善事，终身得享富足和乐安康的生活，仿佛芳草秀木常受露水滋润，葱茏繁茂。

第20节说："我的荣耀在身上增新，我的弓在手中日强。"

约伯说自己的"荣耀在身上增新"，因为他曾广行善事，造福众人，有口皆碑，声望日增。意思是：他的地位和声望，在公众的赞誉声中将日渐增新，使他襟怀愈加坦荡，心力愈发增强，就如"弓在手中日强"，他的人生前景愈发光明，发展道路愈发畅通。

由于博得众民的称赞与尊敬，约伯以为自己的地位会日渐升高，力量将日渐强盛，然而这些信念最终随着他所有的一切顷刻坍塌毁灭而成为泡影。约伯的工程必然坍塌，因为他将工程建立在"肉"的基础上，而非建立在灵的根基上。

> "人听见我而仰望，静默等候我的指教。我说话之后，
> 他们就不再说；我的言语像雨露滴在他们身上。（29章
> 21-22节）

人们曾把约伯一言当作珍宝，视如生命。约伯地位显赫，众人

仰慕他，静默等候他的指教，如同旱地草木渴求雨露的滋润。可是，此时无人肯听约伯指教，周围只有一群对他兴师问罪，七嘴八舌训斥咒骂的人们。

约伯的措辞与从前无异，出自他的博学与睿智，然而现今无人肯听，无人理解，反而倾力驳击。约伯甚是无奈，便追忆当年自己一言九鼎，众望所归的光景。

> 他们仰望我如仰望雨，又张开口如切慕春雨。他们不敢自信，我就向他们含笑；他们不使我脸上的光改变。（29章23-24节）

在干旱的季节，农夫切慕渴盼天降透雨。天降合宜的春雨、秋雨，才能使田园生长农作物。对农夫而言，甘霖沛雨乃是心灵的慰藉、丰收的指望。约伯广行施舍，慷慨救助，恩泽众人，故称"他们仰望我如仰望雨，又张开口如切慕春雨"。在人们心目中，约伯一言重如千斤，人们寻求他的训诲，如同久旱草木切慕春雨。

"我就向他们含笑；他们不使我脸上的光改变"，表示约伯帮助孤苦无依的人们，是出于甘心乐意，而非出于勉强。他虽慷慨解囊扶贫济困，却常以为亏欠，本着体恤宽仁的情怀，真心实意帮助那些需要帮助的人。

得到约伯帮助的人，无一对约伯表示反感。我们岂不见过有这样的一种人吗？——反感别人的同情，当有人出于同情要给予帮助时，他们甚至怒称：你以为我是乞丐啊！

约伯本着善心与爱心，和颜悦色地施舍和帮补众人，使接受帮助的人们也欣然领情。

4. 受人推崇享受君王般的尊荣的结局

我为他们选择道路，又坐首位。我如君王在军队中居住，又如吊丧的安慰伤心的人。"（29章25节）

约伯在讲述自己过去处于何等显赫的地位。约伯受到君王般的待遇，他受人敬仰和爱戴，与他的善行美德相称。像约伯这样本着善心与爱心施恩布德，谁不蒙众民喜爱和推崇呢？

因着群众中享有极高的威望，约伯有些自鸣得意，并且享受其中的快乐。他虽本着善心助人为乐，但以自己的善行受人赞扬而沾沾自喜。症结就在这里，就是骄傲渐渐在他的心里萌生。然而属真理的人压根就没有这种心态。

假如你施舍别人排解窘困，对方感激不尽，对你崇敬有加，便心中有些得意，觉得受人尊崇是件快乐的事，那么这就是心中滋生骄傲的信号。进而心里觉得对方服侍我是理所应当的，那么这样的人只能受熬炼。

就算我们多做善事，广行施舍，也不当求受人尊敬和赞扬，因为这是为神儿女当尽的本分。弟兄之间若是互相尊敬，彼此谦让，会是何等和谐美好呢？

《圣经》教导我们说："你施舍的时候，不要叫左手知道右手所作的。"是叫人因多行施舍而受人尊敬和爱戴时，更当以谦卑为怀，殷勤服侍，舍己为人。唯独持有这种心怀，方能除去骄傲。

耶稣一生专行善事，甚至弃身舍命救赎人类，但祂从未以受人服侍为乐。反而给彼得洗脚，做出服侍的榜样，并以谦卑的姿态，尊重并施爱与我们。

在地上，祂以服侍人为本，并在十架上舍命，将自己献作多人的赎价，然而在天上，祂因此而赢得万王之王，万主之主的至高尊荣。我们也当如此，看别人比自己强，将自己摆在服侍的地位，在天上成为尊大的人。

第三十章

属肉的义

1. 偏待人的心和藐视人的心

2. 抱怨神的约伯

3. 约伯的恶继续表露

4. 约伯依靠人

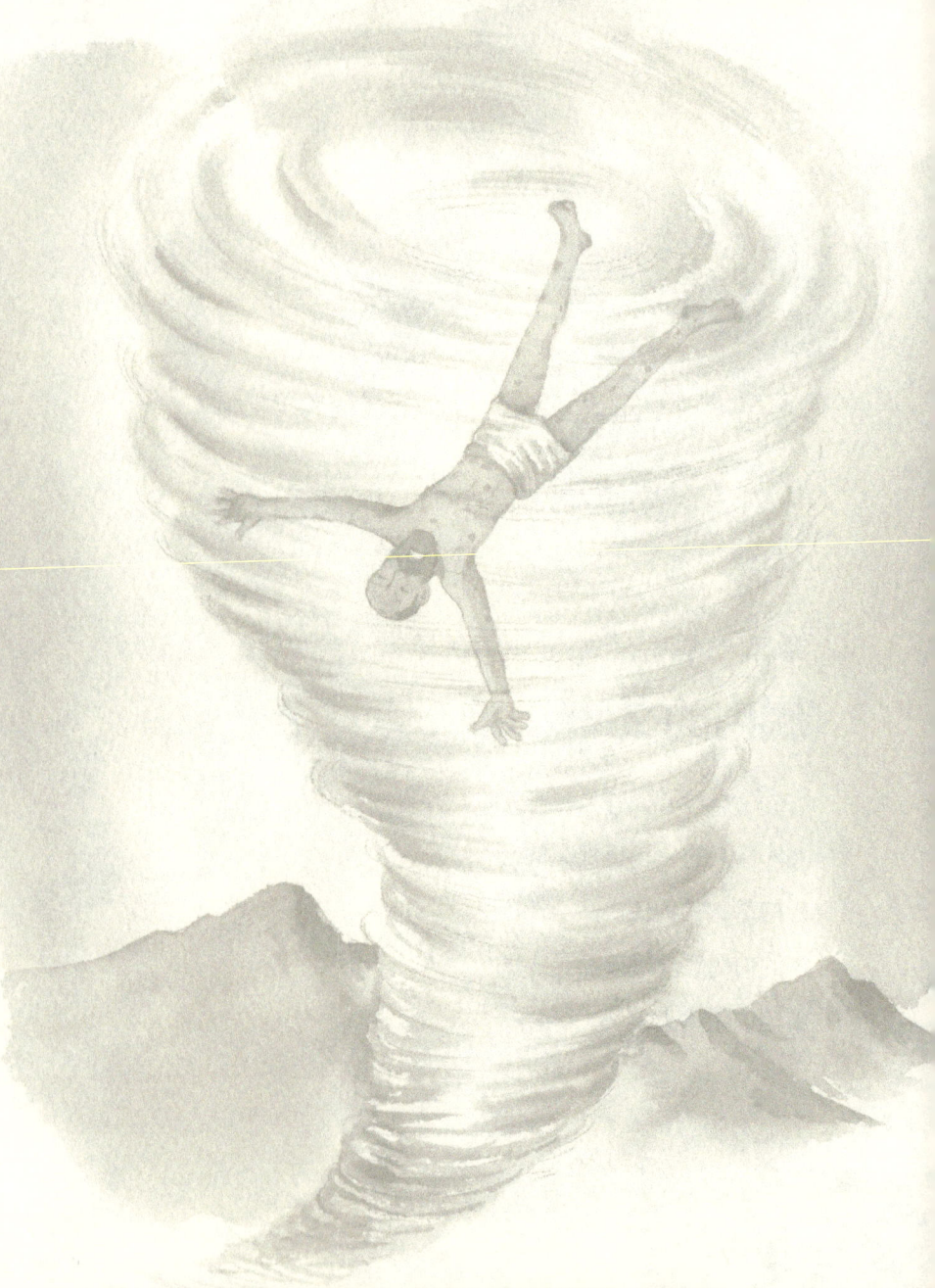

主阿，我呼求你，你不应允我；我站起来，你就定睛看我。（30章20节）

1. 偏待人的心和藐视人的心

> 但如今，比我年少的人戏笑我，其人之父我曾藐视，不肯
> 安在看守我羊群的狗中。(30章1节)

约伯一直讲述自己过去辉煌的成就和身份的尊贵，此时的他思绪又回到现实中，开始讲述自己的苦情。他说如今比他年少的人讥笑他的败落。

他甚至以鄙夷的口吻说："其人之父我曾藐视，不肯安在看守我羊群的狗中。"意思是：这些年少的人是下贱得连狗都不如之人所生，如今他们也敢讥笑辱没我，这令我极其痛苦难过。那么，约伯为何会受年少人的讥笑呢？

第一，约伯没有用真理去应对。

真理教导我们：要饶恕刁难和逼迫我们的人。约伯若是像大卫王那样按真理而行，必不受人讥笑。

大卫王被亲生儿子押沙龙谋反追杀，逃离耶路撒冷，途中有个叫示每的人咒骂他，又拿石头砍他，拿土扬他。

于是大卫的臣子亚比筛对大卫说："这死狗岂可咒骂我主我王呢？求你容我过去，割下他的头来。"大卫说："我亲生的儿子尚且寻索我的性命，何况这便雅悯人呢？由他咒骂吧！因为这是耶和华吩咐他的。或者耶和华见我遭难，为我今日被这人咒骂，就施恩与我。"（撒母耳记下16章9-12节）

遭一介小民的无故咒骂和羞辱时，大卫以恩慈宽容他，并将一切向公义的神交托。当人这样按真理而行的时候，仇敌魔鬼就会退去，熬炼也会结束。

第二，存有偏待人的心。

约伯轻视他们，并因遭受这等贱民羞辱而深感悲痛。这是约伯素来对曾经帮助过的人们所持有的想法。

约伯素来存有藐视人偏待人的心态，只是没有表现在行为上罢了。每个人都有家境富裕，接受正规教育的愿望。然而，各人按照各人成长环境的不同，其素质修养和教育程度会呈现差异。

因此，无论对何人，我们都当以怜恤、理解和宽容为怀，追求彼此同心合意。耶稣或先知们何时论人的贵贱，偏待过人呢？

不管贫富贵贱，有无学问，从不偏待，一视同仁，皆是弟兄。耶稣给彼得洗脚，以示在主里面人人平等。

然而约伯非但斥骂戏笑他的年少人，甚至咒骂其父为下贱得连狗都不如。

> 他们壮年的气力既已衰败，其手之力与我何益呢？他们因穷乏饥饿，身体枯瘦，在荒废凄凉的幽暗中，啃干燥之地，在草丛之中采咸草，罗腾的根为他们的食物（"罗腾"，小树名，松类）。他们从人中被赶出，人追喊他们如贼一般，以致他们住在荒谷之间，在地洞和岩穴中，在草丛中叫唤，在荆棘下聚集。这都是愚顽下贱人的儿女，他

们被鞭打，赶出境外。（30章2-8节）

约伯说这些年少人的父是气力衰败的无能者，毫无用处。"他们因穷乏饥饿，身体枯瘦"是指饥肠辘辘，瘦骨嶙峋的状貌。"在荒废凄凉的幽暗中，啃干燥之地"是指别无生路，黯淡绝望的状态。即指他们是在荒凉的野地，啃干土充饥的废人、令人同情和可怜的人。

意思是：连这等饥寒交迫的贱民之子居然也敢鄙夷和讥笑我约伯，这是何等可憎而荒谬之事！

第4节说他们"在草丛之中采咸草，罗腾的根为他们的食物"，描述他们极度困苦艰难的生活情形。约伯淋漓尽致地描述他们的卑微低贱，是要借以烘托自己受人嘲弄是何等委屈的事。

第5节说他们生活无着落，处处遭人追喊驱逐，以致栖身荒谷地洞岩穴。他们群居之处，自然一片啼饥号寒，哀怨嗷嗷。

针对落到这般境地的人，我们不能自作审判官，随意论断他们的价值。他们有他们自己的生活方式。人不能对他们指手划脚。面对落入惨境的人，人应当为之揪心哀恸，并以慈悲为怀，带给光明和希望。对他们而言，理想、盼望、欲望、自信已是荡然无存，得过且过，以致越活越惨，只好发恶泄愤。

谁愿意过这样的生活呢？神吩咐我们"要爱人如己"，我们应当怜恤世上所有的人。换位思考：身处如此的境地，谁不渴望得到别人的代祷、援助和救拔呢？

属肉的义

不拘何人，我们都当以怜恤为怀。不论富豪士绅，达官贵人，凡不信，走向地狱的人，我们都当怜恤他们。对作恶多端，品行拙劣的人，我们也当为他顽恶的秉性而悲悯；对自暴自弃，终日酗酒，街上孤苦徘徊，痛不欲生的人，我们也当存心怜悯和体恤。

2. 抱怨神的约伯

> "现在这些人以我为歌曲，以我为笑谈。他们厌恶我，躲在旁边站着，不住地吐唾沫在我脸上。松开他们的绳索苦待我，在我面前脱去辔头。（30章9-11节）

约伯成为贫贱人的笑谈、作歌调侃的对象。他们厌恶约伯，甚至把他鄙弃唾辱。约伯抱着悲痛的心情，哀然长叹。曾经受他帮助过的人，对他指手划脚，讥诮嘲弄，恩将仇报，这令他极其难过。

第11节说："（神）松开他们的绳索苦待我，在我面前脱去辔头。"

借以表示：神厌弃他，使他落得一无所有，使这些贱民对他不屑一顾，如同松开缰绳，脱去辔头的牲口，肆无忌惮地践踏、辱没他的人格。约伯就这样将一切归咎于神。

> 这等下流人在我右边起来，推开我的脚，筑成战路来攻击我。这些无人帮助的，毁坏我的道，加增我的灾。他们

来如同闯进大破口，在毁坏之间，滚在我身上。（30章
12-14节）

约伯在哀号呼诉连牲口都不如的贱人起来把他推倒，欺辱，给
他痛上加痛。由于约伯用过激言辞惹恼年轻人，使他们情绪暴涨，
起来向他咒诅，要把他推倒。约伯若不与他们争辩，就不会到这样
的地步。

约伯说那些"下流人"、"无助之人"毁坏他的道，加增他的
灾，并说"他们来如同闯进大破口，在毁坏之间，滚在我身上"就
是说他们粗暴地蹂躏他的人格，击垮他的信念，毁坏他的根基，使
他颜面尽失。约伯因自己的人格、尊严、信念、理念等无情地被人
践踏、泯灭而感到伤痛。

约伯将这一切遭遇全都归咎于神，但殊不知这是他与人争
辩，伤害别人的感情，惹起众人的愤恨所导致的结果。

随着年龄的增长，人们儿时的雄心壮志，在现实的环境条件中
渐渐磨灭，最后只剩一些低微的目标。人人都有自己的苦衷，人人
都有挫败的时候，不论博学的、无识的、富足的、贫乏的。遇到逆
境，有人越挫越坚强，最终赢得成功人生，有人则一蹶不振，自甘
堕落。约伯也因遭受挫败而自暴自弃，自残自毁，饮恨无穷。

惊恐临到我，驱逐我的尊荣如风；我的福禄如云过去。
"现在我心极其悲伤，困苦的日子将我抓住。夜间我里面

的骨头刺我，疼痛不止，好像啃我。因神的大力，我的外
衣污秽不堪，又如里衣的领子将我缠住。神把我扔在淤泥
中，我就像尘土和炉灰一般。（30章15-19节）

约伯素来文笔出色，才思敏捷，脱口成章，其措辞风格言简意
赅，充满诗意。他说"驱逐我的尊荣如风；我的福禄如云过去"，
风儿吹来转瞬即逝，云儿浮空随风飘过。约伯回首往事，过去的尊
荣、往日的福乐，一切的来去仿佛只在刹那间。

第16节里，约伯说：困苦的日子将我抓住，现在我心里极其悲
伤。这是约伯绝望而痛苦的哀号，是他因受到众人讥诮和辱骂而
发出的悲痛至极的呼声。白天他与朋友们辩论争吵，转移注意力，
多少能够缓解痛苦。然而，一到夜间他孤身一人，心中充斥着落寞
与伤感，饱受锥心刺骨的痛楚。

第18节说："因神的大力，我的外衣污秽不堪，又如里衣的领
子将我缠住。"这是什么意思呢？

约伯说现在的苦楚是神的大力所导致的。表示自己因遭神的
"击打"，遍体生疮，脓血横流，渗湿外衣，脓干结痂处与衣服粘
连更是难以更衣。

第19节说："神把我扔在淤泥中，"人陷入淤泥中难以自拔，
借以形容垂死挣扎的人生。

"我就像尘土和炉灰一般"，是表示神将约伯推向人生最低
谷，使他仿佛尘土炉灰，一文不值。

约伯经受试炼并不是犯罪的缘故。这是神对他的祝福的熬炼。神试验约伯，从他的本性里便有许多的恶呈现出来。唯独将这些恶拔除净尽，方能成就真理的心，进入属灵的境界。

一个人心里潜藏着许多恶，怎能说他是诚实人呢？比方说，从河里舀出一盆水，貌似清澈干净，但存放一天，就可以发现盆底沉淀一层污泥，便可得知该水是不干净的。

3. 约伯的恶继续表露

主啊，我呼求你，你不应允我；我站起来，你就定睛看我。
你向我变心，待我残忍，又用大能追逼我。把我提在风中，
使我驾风而行，又使我消灭在烈风中。（30章20-22节）

第20节里，约伯说他呼求主，主不应允他。然而耶稣说："你们祈求，就给你们；寻找，就寻见；叩门，就给你们开门。"（马太福音7章7节）；又应许说：恳切寻求我的，必寻得见（箴言8章17节）。

耶利米书29章12-13节说："你们要呼求我，祷告我，我就应允你们。你们寻求我，若专心寻求我，就必寻见。"就是说当我们专心尽意寻求神时，神必向我们显现。

约伯无论怎样向神呼求，神也没有给他回应。约伯抱怨神不应

允他，然而神唯独在合乎真理的情况下才能应允人的祈求。神按自己的旨意，在最合适的时候成全人。

神应允约伯现在还不是时候。因为神要使他的恶毫无保留地呈现出来。因为约伯内心良善，所以神一次就可以把他的恶暴露无遗。等恶尽显，一经神的点悟，约伯就可以立时将恶离弃净尽，进入完全的境界。

约伯说神定睛看他，表明他依然承认神，没有离弃对神的信仰。他从未遇见过神、经历过神，但他凭着自己纯善的本性，打心底里相信这位独一无二的真神。在这般艰难的试炼中，他也没有离开神。

我们可以把自己摆在约伯的处境，查验自己能否依然承认并侍奉神。现在是圣灵同在的恩典时代，与旧约时代截然不同。即使处在约伯一样的处境，我们也不能否认神或埋怨神，理当喜乐，感恩，凭着信心向神祷告。具备这样的心境，就可以轻易胜过试炼，得到神所预备的大福气。故我们应当凡事谢恩，过得胜的信仰生活。

第21-22节说："你向我变心，待我残忍，又用大能追逼我。把我提在风中，使我驾风而行，又使我消灭在烈风中。"

约伯此时非但承受着毒疮之苦，还在心灵和精神上承受着难忍的苦痛。约伯埋怨神，将一切的错全都归到神的身上，他心里翻腾着不满情绪，自然对神出言不逊。

神就是爱，在祂没有改变。祂绝不会向人变心，或待人残忍，或用大能追逼人。约伯不懂神的心意，顺着己意臆测揣摩，感到忧烦郁闷。非真理与真理是相对的，照样，约伯的意念和神的意念也是相对的。

神说"听命胜于献祭"，叫人弃掉人意顺服祂的话语。论到《圣经》上的神人先知，他们无论面对神怎样的吩咐，都做出了绝对的顺从，从不动用人意悖逆神言，从而凡所求的都蒙神的应允，荣耀了神的名。

"如果我是神，会如何如何做……"——按人的意思，或许觉得神的作法有时不够精明，然而当人明白真理的时候，就醒悟到神的作为是完美无缺的。神的智慧高过人的智慧，在神看来，人类是昏聩暗昧的。

神的话语是独一无二的真理。我们当力求明白神的旨意，照着所悟所信的真道，谨守遵行。

约伯声称：神"把我提在风中，使我驾风而行，又使我消灭在烈风中"。约伯说这比方，是因为他所有的一切像糠秕被风吹散，转瞬消没成空。

4. 约伯依靠人

我知道要使我临到死地，到那为众生所定的阴宅。然而人仆倒，岂不伸手？遇灾难，岂不求救呢？人遭难，我岂不为

他哭泣呢？人穷乏，我岂不为他忧愁呢？（30章23-25节）

约伯认为自己遭受试探患难之前的人生是有价值有意义的宝贵人生。可如今神要把他无情地拖向死地，使他跟众生一样毫无意义地死去。

约伯说"我知道"，其实他什么也不知道，对神的理解都是出于他自己的臆测。约伯按照自己的想法去论断神的品性，应当知道这是何等愚妄的事！

第24节说："然而人仆倒，岂不伸手？遇灾难，岂不求救呢？人遭难，我岂不为他哭泣呢？"

人仆倒向人伸手，遇灾向人求救，乃是人之常情。约伯是说：他现今哀声呼救，据理力争，乃是因为苦难过重，他所说的辩词都是极为妥当的。

约伯可以心安理得地求救，是因为他曾为遭难、穷乏的人哀恸、忧愁、落泪，并且慷慨解囊，广行施舍，正如他在第25节的表白。因此他反问说：如今他落得这般境地向人求救有何不对。

我仰望得好处，灾祸就到了；我等待光明，黑暗便来了。我心里烦扰不安，困苦的日子临到我身。我没有日光就哀哭行去（或作"我面发黑并非因日晒"），我在会中站着求救。（30章26-28节）

约伯向神常献燔祭，以求蒙神赐福，不料反而遭灾。故称：
"我仰望得好处，灾祸就到了；我等待光明，黑暗便来了。"表
示他心中的隐痛，因为他觉得自己一生力行善义，得到的却是
一场祸患。

约伯因不懂神的意旨，便无从省悟到自己的错谬。因他不知道
神允准他受试炼，乃是要使他明白真理，便说如此绝望的话。

约伯因困苦的日子临到，心里烦扰不安。"我面发黑并非因日
晒"（注：韩文《圣经》选录此译文），是指他疮疾导致遍体溃烂，
脓血淋漓，却因无人照料护理，浑身污秽不堪，肤色干枯晦暗。约
伯陷入这般"在会中站着求救"的悲惨境地，其痛苦之巨大，可想
而知！

然而，我们不能重蹈约伯的覆辙，遭遇痛苦艰难的处境时，不
应该向人求助求救，应当靠自己属灵的信心，向那全能的神恳求，
寻求祂的指引和帮助。约伯不也是因向人伸手求助的缘故，受人
歧视和凌辱，处境变得更为悲惨吗？故我们应当凡事求神，蒙神应
允，化解问题。

> 我与野狗为弟兄，与鸵鸟为同伴。我的皮肤黑而脱落，我的
> 骨头因热烧焦。所以我的琴音变为悲音，我的箫声变为哭
> 声。"（30章29-31节）

野狗是狡猾狰狞凶残的动物。它们擅长"投机取巧"，专以偷

夺抢掠为生。约伯竭力呼诉自己的苦情，却是无人同情，无人愿与他为友，反而对他指手划脚，百般地数落和诽谤。

约伯因自己落得"与野狗为弟兄，与鸵鸟为同伴"的处境而哀恸和叹息。

他把朋友们比作野狗这性情最为凶残的动物。因为他觉得朋友们对他无情地咒骂，粗暴地虐待，貌似野狗。鸵鸟看似比较温顺的动物，但它也具有凶悍的野性，受到惊吓会突然跃起，连踢带啄攻击对手。约伯说他与这样的鸵鸟为同伴。

第30-31节里，约伯说："所以我的琴音变为悲音，我的箫声变为哭声。"表示自己伤痛绝望的心情。琴声或箫声本是悦耳动听，令人心旷神怡，不过对那些沉浸在悲哀中的人而言，反而是一种凄凉的悲歌。

遭受苦难之前，琴声和嘯声给约伯带来欢乐，而如今却如"悲音"和"哭声"。借以形容他自己极度绝望、悲戚的心情。

第三十一章

固执己义的约伯

1. 跟自己守约的约伯

2. 持守正路的约伯

3. 何为小人之心

4. 爱人如己的约伯

5. 约伯坚称自己的清白和公义

神岂不是察看我的道路，数点我的脚步呢？"我若与虚谎同行，脚若追随诡诈；
我若被公道的天平称度，使神可以知道我的纯正；（31章4-6节）

1. 跟自己守约的约伯

> "我与眼睛立约，怎能恋恋瞻望处女呢？从至上的神所得
> 之份，从至高全能者所得之业是什么呢？岂不是祸患临到
> 不义的，灾害临到作孽的呢？（31章1-3节）

约伯说"我与眼睛立约"，表示自己的信念。人立约或起誓的
时候，有的竖起大拇指，有的凭着良心，有的指着祖宗，有的用自
己的尊姓，有的以自己的大名……总之，人起誓的时候往往指着自
以为可信的方面起誓。

约伯说他："与眼睛立约，怎能恋恋瞻望处女呢？"约伯曾经
集财富、权势、声望、福乐、安康于一身，但他并没有像其他富豪
权贵那样过花天酒地的生活。因为约伯认为这在神面前是极不相
宜的。"我与眼睛立约，怎能恋恋瞻望处女呢？"亦即他下定决心
不犯奸淫。可见约伯的心灵是十分纯洁的。

约伯是信守诺言的人，甚至对与自己所立的约他也坚守不渝。
约伯发誓永不恋慕瞻望处女。人之所以恋慕瞻望处女，是因为有
奸淫的心。约伯没有奸淫的心。可以看出约伯的心是非常纯净的。

"我与眼睛立约，怎能恋恋瞻望处女呢？从至上的神所得之
份，从至高全能者所得之业是什么呢？""所得之份"是指所分得
的产业，"所得之业"是指发展产业所得的成果。约伯断言自己若
不守与自己所立的约，神必不赐他任何好处。表示自己生平为人正

直，行为纯正。

人若向神恳求，却没有应允，应当查验是否保守己心。若不守与己之约，不守向神所许之愿，就无法所求蒙应允，因为仍活在罪孽中，与神为仇。唯独悔改归正，拆毁与神隔断的罪墙，然后向神祈求，方能蒙神应允。论约伯的为人，他平生对神心存畏惧，极力持守自己的天良。

第3节说：祸患临到不义的人，灾害临到作孽的人。约伯认为人有过犯，必须要付出相应的代价。约伯因有这等良知，所以当神收取他一切产业和儿女的时候，他还能称颂神的名。

当今世界，人们行了不义的事，也不肯承担责任，反而极力掩盖、回避事实，甚为恐惧慌张。这都是因不守己心的缘故。这等诡诈、懦弱的秉性，应当一概从我们心中除去。

那么，为人正直的约伯为何发出恶来了呢？尽管坚守做人的道理，却依然遭受巨大灾患，约伯对此实在是想不通，便对神悲鸣哀怨。当神收取他的儿女和财物的时候，他还能忍耐，但这已到了他忍耐的极限。神希望约伯的品性能够超脱这种持守做人的道义之层面，进入属灵的、真理的境界，便对他进行熬炼。

论到亚伯拉罕，当神吩咐他献独子以撒为燔祭的时候，他并没有诘问神说："神啊，你怎能下这样一道残酷的命令呢？你不是曾应许要通过我独子以撒兴起后裔多如天上的星，海边的沙，而且国度要从他而立，君王要从他而出吗？如今你却反悔，叫我把儿子献为燔祭，这岂是合理的事呢？"反而凭着对神绝对的信赖，带着感恩的心遵命而行。约伯为了拥有这般凡事谢恩的真信心，必须要经受熬炼。

> 神岂不是察看我的道路，数点我的脚步呢？"我若与虚谎
> 同行，脚若追随诡诈；我若被公道的天平称度，使神可以
> 知道我的纯正；（31章4-6节）

约伯从古人口中得知神遍察万务的道理。但他因不明白神对他的意旨，所以继续向神抱屈和埋怨。

约伯说他为人纯正，从未行过虚谎之事，亦即从未虚言妄为，奸巧诡诈，损人利己。

论到现今我们主内的人身上的虚谎之事，乃属聚会时没有真理的交通，只有论断、诽谤、离间、背后议论。虚谎的言语是神所厌恶，魔鬼所喜欢的。故我们应当把这虚谎的属性从心里拔除净尽。

约伯声称：用公道的天平称度，神就可以知道他的纯正。显明约伯严以律己的生活态度。他从未行过不义的事，扪心无愧，故能理直气壮地证明自己的清白。

2. 持守正路的约伯

> 我的脚步若偏离正路，我的心若随着我的眼目，若有玷污
> 粘在我手上，就愿我所种的有别人吃；我田所产的被拔出
> 来。（31章7-8节）

约伯称自己从未偏离正路。"心随眼目"是指偏离正路。随着物质文明的发达，当尽世界上越发充斥着刺激眼目情欲的事物。眼看淫物，迷了心窍，行淫作孽的不乏其人。然而，约伯称自己治理己心，没有偏行谬妄之路。

"手"最易沾染罪恶，约伯称他手从未被罪玷污过，亦即从未用手犯过罪，表示他是清白的、光明磊落的。并称：倘若我行过不义，"就愿我所种的有别人吃；我田所产的被拔出来"。

听着此话的朋友们怎能不对约伯发怒呢？约伯所有的一切已被拔尽的现状，正如他所言。他坚称自己是无辜的，但神摧毁了他的一切，故他不得不埋怨神。然而，在朋友们看来，约伯所有的一切被拔正是因着他的不义。

这里我们值得关注的问题是：神、约伯和朋友的观点各不相同。假如神、我和旁观者各有各的观点，那么到底谁对呢？当然是神对，因为神就是真理。

> 我若受迷惑，向妇人起淫念，在邻舍的门外蹲伏，就愿我

的妻子给别人推磨，别人也与她同室。因为这是大罪，是
审判官当罚的罪孽。这本是火焚烧，直到毁灭，必拔除我
所有的家产。（31章9-12节）

约伯在讲述自己正直的为人。当人富足有余，安定稳妥的时
候，极易被迷惑所胜而贪声逐色。大卫或所罗门王也是因迷恋女
色而遭受重重的熬炼。然而，约伯从不为女色所动，将正直、清心
作为一生的操守。

约伯说："我若受迷惑，向妇人起淫念，……就愿我的妻子给
别人推磨，别人也与她同室。"以示自己一生安守节操。他又说：
"因为这是大罪，是审判官当罚的罪孽。这本是火焚烧，直到毁
灭，必拔除我所有的家产。"——措辞之严厉，令人畏慑。意思
是：行淫是大罪，其刑罚太重，过于人所能承受，故我一生竭力自
洁成圣，正直为人。

使徒保罗称他攻克己身，叫身服己（哥林多前书9章27节），
并勉励众人要"与罪相争，抵挡到流血的地步"（希伯来书12章4
节）。我们当殷勤脱去非真理，攻破肉体的意念，一天新似一天，
方能使真理成形在我们里面，模成主圣洁的心，成为名副其实的神
的儿女。

3. 何为小人之心

"我的仆婢与我争辩的时候，我若藐视不听他们的情节；
神兴起，我怎样行呢？他察问，我怎样回答呢？(31章
13-14节)

约伯继续陈述自己良善的情怀。仆婢什么权利都没有，不能抒
发己见，不能跟主人犟嘴或反抗，除了对主人无条件地服从以外，
别无选择。仆婢居然敢与约伯争辩，这是无所忌惮的放肆，但约伯
依然对他们宽仁为怀，可见约伯的善举是异乎寻常的。

虽是一介仆婢，约伯也没有轻看，反而尊重并关爱他们。他
们顶嘴，约伯也饶恕，他们悖逆，约伯也宽容，待他们如同兄弟姐
妹，于是这些仆婢忘了自己为奴的身份，居然把约伯当作朋友，向
他伸冤、诉苦，甚至辩论和争竞。

也就是说，虽是一介仆婢，约伯也没有任意待他们，给他们自
由地发表言论以及听取他人陈述意见的权利，尊重他们的人格。

人不能因身负牧师、传道师、长老、劝事等圣职而自高自傲，
自视位尊，不甘顺从。地位越高，越当谦卑俯首，这才是大器皿，
否则实为小人之辈。

这是小人的特征：忘乎所以，自命不凡，自高自大，争强好胜，
唯我独尊；以自己的知识为权威，固执己见，与人争辩；以自己的想
法为至上，不理解，不饶恕，不服事，对自己的恶行、过犯、缺欠执

迷不悟，就算悟到了，也不肯弃恶从善；爱发脾气，轻易动怒。

家里有动辄生气、恼怒的人，就会打破家庭和睦，致使全家不得安宁。这样行的人，就是小人之辈。

小人无爱无德，无容人之雅量，只看重自己。他们心胸狭隘，琐事不忍，觉得不如自己之人的规劝不屑听，好管闲事。他们擅长巴结讨好，阿谀奉承，对下属则傲慢自大，颐指气使。

甚至有的人对上司也硬着颈项，无视序列，否则觉得有伤自尊。小人爱说谎，爱骗人，动辄背叛，只求自己的益处。

无论涉及到其中哪一项，都是我们气量小的明证，应当将那些恶从我们心中除去。神参透全世界70亿人的心思意念，神的心怀之长、阔、高、深，是人无可测度的。我们当竭力效法神，为自己打造博大开阔的胸怀。

约伯说：我的仆婢与我争辩的时候，我若藐视不听他们的情节；当神兴起，向我追讨，我怎么向祂交代？当神察问，向我追究，我怎样回答？约伯因相信神的察问无所不包，所以甚至对自己的仆婢也谨言慎行，可知约伯品德之高尚。约伯待自己的仆婢尚且如此，何况对别人是何等谦恭礼让呢？

4. 爱人如己的约伯

造我在腹中的，不也是造他吗？将他与我抟在腹中的岂不是一位吗？"我若不容贫寒人得其所愿，或叫寡妇眼中失望；或独自吃我一点食物，孤儿没有与我同吃；（从幼年时孤儿与我同长，好像父子一样；我从出母腹就扶助寡妇（"扶助"原文作"引领"）。）（31章15-18节）

约伯说：造他的神，也造了他的仆婢，万人之生命乃出于一位神。借以表示所有的人在人格上都是平等的。约伯不轻看低微之人，与富贵之人等同视之。

假如去餐馆就餐的时候，以轻视和命令的口吻叫唤服务员，便是把他看作是一介用人，没有平等待人。这样的心与主的心大相径庭。

贫寒人的所愿，乃是得人的帮助。寡妇眼目所望的也是如此。约伯成全他们的所愿，帮补他们的缺乏。他没有只顾自己养尊处优，而使孤儿吃饱穿暖。

约伯称他从幼年时用为父的心肠收养孤儿。他说他因出于母腹，又体量为母的苦楚，便格外怜悯守寡的妇女，对她们施以无微不至的关爱。

我若见人因无衣死亡，或见穷乏人身无遮盖；我若不使他因我羊的毛得暖，为我祝福；我若在城门口见有帮助我的，举手攻击孤儿；情愿我的肩头从缺盆骨脱落，我的膀臂从羊矢骨折断。（31章19-22节）

古时，街头常有衣不遮体的冻死者。约伯说他使身无遮盖的人有衣穿，甚至将自己的外衣脱给别人得暖，活出爱人如己的境界，他的爱心感化众人，众人便虔诚地求神祝福约伯。

第21节以下，约伯讲自己从未仗着有势之人，傲然欺凌弱者。他说他若仗着某种势力行恶作孽，情愿他的肩头脱落，臂骨折断。

人使力是靠着肩头和膀臂。这是非常可怕的咒诅，但他之所以敢说这话，是因为他对自己的品德操行满有自信。

约伯陈述自己的善行义举，并不带着自夸的口吻，他认为这是人当尽的本分。人普遍的心态是自己有什么善举，就极力夸口，到处炫耀，要得人的肯定，得人的称赞。

然而，我们应当遵着耶稣的教导——"不要叫左手知道右手所作的"，竭力行善而不张扬，默然尽人当尽的本分，才能得神的认定，成为神真正的儿女。

因神降的灾祸使我恐惧；因他的威严，我不能妄为。"我若以黄金为指望，对精金说，你是我的倚靠；我若因财物丰裕，因我手多得资财而欢喜；我若见太阳发光，明月行在空中，心就暗暗被引诱，口便亲手；这也是审判官当罚的罪孽，又是我背弃在上的神。（31章23-28节）

此时约伯悬命一线，朝不虑夕。来自朋友、仆婢和周遭环境的试炼和所遭受的灾祸，使约伯心里已是极度恐惶。因他相信自己所遭受的灾祸尽都出乎神，认为神无缘无故地咒诅他，因此对他而言，神是恐怖的代名词。人若不懂神的意旨，必然对神感到恐惧。

那么在什么情形下灾祸临到人身上呢？灾祸临到违背真理，活在罪孽中的人，或叛离真理，重返恶道的人。持守真理的人，不会遭灾或试探，而会常蒙神的保守。

若因犯了错误，遭受熬炼，那么通过这场熬炼可以发现自己的缺欠，发现了，立刻悔改归正即可得胜。

若是没犯错误，却临到灾殃，那么就当知道这是神为了赐福而允准的，要像但以理或其三友那样凭信心得胜，荣耀神的名。人若明白真理，就知道神是慈爱的神、赐福的神，而不是可怕的神。

约伯不曾贪恋金银财宝，不曾看重荣华富贵，即使得不到，也不以为悲。

约伯并没有把"财物丰裕"、"手多得资财"作为价值取向。而把一心一意敬畏神，向往神为他生命的最高价值。

第26节以下，约伯表示他并没有顺着邪情私欲去迷恋宇宙万物或世间万务。他称皎洁的明月也未能诱惑他的心，是因他在神面前秉行公义。

第28节里，约伯申明自己的清白。表示自己一生信靠仰赖神，极力效法神洁净自己。并称自己若有不洁之处，甘心受审判官的处罚。"背弃在上的神"是指背弃他对神当尽的道义。

做了好事希望受人称赞，有了过错则敷衍或掩盖，这是人普遍的属性。然而约伯不是这样，若有什么过错，他甘愿受责罚。我们若是犯了错误，应当主动为此付出代价，这样才能做出真正的悔改，而且不会重蹈覆辙。但若试图敷衍了事，或掩盖和隐瞒，就只能错上加错。若是这样下去，就会沦落为不能保守己心、克服肉体的无能为力的人。

我在初信的时候，当我未能守时或礼拜时间哪怕迟到一分钟我都要以禁食三天或者七天的方式体罚自己，免得重蹈前错。

> 我若见恨我的遭报就欢喜，见他遭灾便高兴；（我没有容口犯罪，咒诅他的生命。）若我帐棚的人未尝说，谁不以主人的食物吃饱呢？（31章29-31节）

约伯说他没有对恨他的人遭报或遭灾就幸灾乐祸，也未曾希望他们倒霉。

约伯曾经广行施舍，为孤儿寡妇穷人排忧解难，但这只是在没有利害关系的前提下做出来的。约伯若是能对逼迫、苦待自己的人施以怜恤和宽恕，就不会受这般熬炼了。约伯还未领会这种境界的义。不过因为约伯具有善美的心灵，所以神愿意使他经受熬炼，成就属灵的义，达到能爱仇敌的心灵境界。

即使是家中的奴婢或佣人，他也不歧视，反而供他们吃得饱穿得暖，践行"爱人如己"的神言，体现出宽厚仁慈的情怀。

无论做生意也好，做其它事情也罢，我们不能存心巴望别人倒霉。对属下的人，我们不能轻看，即使是家里的佣人，甚至是生活在贫民窟的人，我们也不能歧视，反要爱他们如己。越是贫弱群体，我们越要施以怜恤和关照，用爱心为他们祷告。

5. 约伯坚称自己的清白和公义

（从来我没有容客旅在街上住宿，却开门迎接行路的人。）我若像亚当（"亚当"或作"别人"）遮掩我的过犯，将罪孽藏在怀中，因惧怕大众，又因宗族藐视我使我惊恐，以致闭口无言，杜门不出，（31章32-34节）

约伯说他从来没有容客旅露宿街头，对陌生的路人，他也开门迎接。现今时代不仅难寻像约伯一样行的人，而且因现在的人不可信，欲那样行也不敢。实在令人惋惜。

开拓教会之前，我一段时期在市场上以经营店铺为生。那时偶见精神失常的人，或贫无栖身之地的流浪者要在我家店前露宿，我就请他们进屋过夜，他们不肯，便从屋里拿被褥给他们铺上。这样的行为其实算不上什么善行，不过是在良心的驱使下，履行最起码的做人的道理罢了。

第33节-34节里，约伯说："我若像亚当（"亚当"或作"别人"）遮掩我的过犯，将罪孽藏在怀中，因惧怕大众，又因宗族藐视我使我惊恐，以致闭口无言，杜门不出。"

我们不能作鄙懦奸佞之辈。如今人们大多忌讳作证澄明事实，虽然明知那是正义的行动，却因怕得罪上司，或担心对自己有损，或对自己不利而推辞或回避，常因祸福避趋之。

在教会里，有人行不义的事，却置若罔闻，袖手旁观，便是任凭不义在教内滋长，容忍撒但毁坏的工作。这样的事，我们不能熟视无睹，应当对当事人进行规劝，并为他祷告，使他转离恶道，悔改归正。若是不听，就当告诉上级，再次劝导，使其悔改，这就是爱。

> 惟愿有一位肯听我，（看哪，在这里有我所画的押，愿全能者回答我。）愿那敌我者所写的状词在我这里，我必带在肩上，又绑在头上为冠冕。我必向他述说我脚步的数目，必如君王进到他面前。（31章35-37节）

约伯继续据理力辩，表明自己的清白无辜，并称愿神回答他。

从属肉的层面看，约伯所持有的义，实在是常人所无法比拟的。他具有一颗善美的心灵。然而约伯的朋友们却指责约伯是十足的罪人，并讥笑他因受神的责打而沦落到这种地步。

约伯列举和陈述自己的义行，并以抗议的口吻称：愿全能者回答他。

然而，按真理看，约伯此语也是不逊之言。人身为受造之物，怎敢向神追问呢？这是骄傲的表现，是约伯不完全的明证。约伯尽管行如此情理难容之事，却仍执迷不悟，依然自称为义。

约伯说：若有人写状词告他，他必把那状词带在肩上，又绑在头上为冠冕，必如君王进到他面前。约伯因为平生未曾行过受人指控的坏事，所以坦然声称：若有人能指出他的错来，他就把那责言如冠冕珍惜，把那个人如君王敬重。因为对约伯而言，若能得到哪位高人的开示，没有比这更感恩、喜乐的事。

若有人指出我们未曾醒悟的罪，我们应当由衷地向他谢恩。善人乐意听从责备，恶人则相反，受人责备，他们就觉得很伤自尊，甚至反唇相稽说："难道你没有罪吗？先管好自己吧！"受人责备时觉得懊恼、心痛难过，是因为自尊心强烈。破除了自尊心，就不再痛苦难过了。

> "我若夺取田地，这地向我喊冤，犁沟一同哭泣；我若吃地的出产不给价值，或叫原主丧命；愿这地长蒺藜代替麦子，长恶草代替大麦。"约伯的话说完了。（31章38-40节）

约伯说他未曾强占别人的田产，或吃别人土地的出产而不付钱，亏负园主，表示自己凡事按正道而行。这是针对朋友们对他"田产家业尽毁是因着罪孽"的指控的辩驳，表示他凡事以正直为本；无论在财产的问题上，还是在待人处事的作风上，均无半点不义之举。

并称：在这些事上若有过犯，愿"这地长蒺藜代替麦子，长恶草代替大麦"。表示自己的行为是正当的，并未做过损人利己的事，现今却无辜承受着这巨大的苦难。约伯是在倾吐自己痛苦的心境。

约伯平生本着善心，专行好事，但那善，不过是属肉层面的善，这使他对自己的错谬之处一无所知，依旧自以为义。

第三十二章

年轻的以利户登场

1.以利户发怒的原因

2.以利户愤懑试图折服约伯

我的胸怀如盛酒之囊没有出气之缝，又如新皮袋快要破裂。我要说话，使我舒畅，
我要开口回答。我必不看人的情面，也不奉承人。我不晓得奉承。若奉承，
造我的主必快快除灭我。（32章19-22节）

1. 以利户发怒的原因

> 于是这三个人，因约伯自以为义，就不再回答他。那时有布
> 西人兰族巴拉迦的儿子以利户向约伯发怒，因约伯自以为
> 义，不以神为义。他又向约伯的三个朋友发怒，因为他们想
> 不出回答的话来，仍以约伯为有罪。(32章1-3节)

约伯的话已毕，年轻人以利户就向约伯发怒，因为约伯自以为
义，不以神为义。以利户认为约伯目空一切，自高自大。对他自以为
是，自称为义深感不满。他论断约伯除非犯了罪，受神的报应，是不
会落得这般惨境，约伯的义绝非是纯全的义。

以利户还向三个朋友发怒，因为他们非但不能以智慧的辩词
使约伯理屈词穷，自己反倒被约伯败下阵来，哑口无言。以利户看
不惯他们既然不是约伯的对手，还要强词夺理，胡搅蛮缠地污蔑约
伯，乱定他的罪，便忍无可忍，大发怒火。

三个朋友非但没能使约伯开悟，反而被约伯小看和愚弄，还要
无休止地进行无聊的辩论，这使以利户心中甚是郁闷，这郁闷终于
以发怒的方式宣泄出来。

> 以利户要与约伯说话，就等候他们，因为他们比自己年老。
> 以利户见这三个人口中无话回答，就怒气发作。布西人巴
> 拉迦的儿子以利户回答说："我年轻，你们老迈，因此我退

让，不敢向你们陈说我的意见。（32章4-6节）

以利户本是性情如火的人，他想与约伯说话，却因约伯和其三友比他年老，就一直保持沉默。始终在旁忍着的以利户，这下实在按捺不住，愤然插起话来。对爱插话的人，俗称"药方里的甘草"（韩），我们应当杜绝这种不良习惯。

我说，年老的当先说话，寿高的当以智慧教训人。但在人里面有灵，全能者的气使人有聪明。尊贵的不都有智慧，寿高的不都能明白公平。（32章7-9节）

以利户说"年老的当先说话，寿高的当以智慧教训人"，意思是年老寿高者有满腹的经纶，丰富的阅历，深邃的智慧，当受人敬重。

以利户知道人里面有灵，并称"全能者的气使人有聪明"。可见以利户是认识神并相信神的人。

人是以灵、魂、肉构成的。创世记2章7节记载：神用地上的尘土造人，将生气吹在人的鼻孔里，人就成了有灵的活人。因此人身上有神的气运行。人从心灵深处承认创造主神的存在，因此人在犯罪时感到恐惧，听到关于天国和地狱之信息时会感到害怕。

接着第9节说"尊贵的不都有智慧，寿高的不都能明白公平"，可见以利户是一个性情浮躁的人。幸亏跟年长者一起谈论，还能表现出耐心，换了跟年轻人并论，他绝对忍不住。

以利户的话并不正确。随着年事增高，人的脑细胞渐渐死亡，记忆力慢慢减退。但摩西先知，越老越睿智，视力也没有减退。

大卫作牧童的时候，智慧超群，胜过君王大臣，信心出众，杀拜敌将歌利亚。虽是小小少年，但因爱神并敬畏神，从神领受超凡的智慧和信心。

2. 以利户愤懑试图折服约伯

因此我说，你们要听我言，我也要陈说我的意见。"你们查究所要说的话；那时我等候你们的话，侧耳听你们的辩论，留心听你们，谁知你们中间无一人折服约伯，驳倒他的话。你们切不可说，我们寻得智慧；神能胜他，人却不能。（32章10-13节）

以利户一直在旁边细听他们之间的辩词，心中酝酿驳倒约伯的措辞。以利户心中已断定约伯错了，便期待三个朋友能够据理折服约伯。

以利户从旁观者视角默然观察事态，谁知朋友中间没有一人折服约伯，却只得到这样的结论：我们寻得智慧，除了神以外，无人能胜约伯。以利户劝告他们不可急着下这样的定论，表示自己驳倒约伯易如反掌。

然而以利户点醒约伯的努力，最终也以失败告终。因为约伯一生力行人性层面上的善，所以靠人的教训是无法使约伯省悟归正。

约伯的朋友或以利户既没有约伯博爱广德，也没有约伯博学、良善，其教训怎能对约伯起效呢！

> 约伯没有向我争辩，我也不用你们的话回答他。"他们惊奇，不再回答，一言不发。我岂因他们不说话，站住不再回答，仍旧等候呢？我也要回答我的一份话，陈说我的意见。因为我的言语满怀，我里面的灵激动我。（32章14-18节）

以利户说："约伯没有向我争辩，我也不用你们的话回答他。"意思是：约伯没有对我争辩，故我不能向他发言。至此以利户还算未失礼节。

约伯的朋友们惊奇，不再回答，一言不发，乃是因为他们看见以利户竟敢责备他们，甚至向约伯提出反驳。以利户见大家都因惊奇而哑然无语，无人对他说话，心里急躁，便又重新开口发话。

第17节-18节里，以利户说："我也要回答我的一份话，陈说我的意见。因为我的言语满怀，我里面的灵激动我。"表示自己因有一肚子的话不能倾吐，烦闷焦躁的心情。他之所以里面的灵激动他，是因心里有恶的缘故，是欲一针见血地驳斥对方而不能所产生的情绪冲动。

这就是恶。若不是真理之言或必要的话，我们就不必讲。心中充满真理的人，不会"里面的灵激动"他，而凭着上头来的智慧，用真理的恩言开人的心窍，使人心悦诚服。可见以利户与真理境界相距甚远。

> 我的胸怀如盛酒之囊没有出气之缝，又如新皮袋快要破裂。我要说话，使我舒畅，我要开口回答。我必不看人的情面，也不奉承人。我不晓得奉承，若奉承，造我的主必快快除灭我。（32章19-22节）

对世人而言，密封贮藏的葡萄酒，是极具诱惑力的。酒，贮藏时间越久越昂贵。密封囊中的酒，是人们所珍惜的、贵重的。以利户借喻他的言语举足轻重。以利户说"我的胸怀如盛酒之囊没有出气之缝"，表示他很多话憋在心里而不能畅所欲言的郁闷烦躁的情绪。

又称"又如新皮袋快要破裂"，新皮袋是很难撑破的，表明他因不能插嘴干涉而急不可耐的心情。他如此热切寻求发话的机会，其动机乃是要驳倒、折服约伯。他自以为这是善意的，正确的想法，然而，用真理去对照，其实就是恶。

"奉承"是指出于讨好对方的目的而去阿谀谄媚。服事和忍让不是奉承而是美德。与恶对抗乃是非义，彼此谦让，互相服事才是真义。以利户抬高自己，本意是显扬自己的义。

第三十三章

认清本我

1. 以利户断定约伯为恶人

2. 固执己见的顽梗之心

3. 以利户对神的认识误区

神说一次、两次，世人却不理会。人躺在床上沉睡的时候，神就用梦和夜间的异象，
开通他们的耳朵，将当受的教训印在他们心上，好叫人不从自己的谋算，不行骄傲的事
（原文作"将骄傲向人隐藏"）；拦阻人不陷于坑里，不死在刀下。（33章14-18节）

1. 以利户断定约伯为恶人

"约伯啊，请听我的话，留心听我一切的言语。我现在开口，用舌发言。我的言语要发明心中所存的正直；我所知道的，我嘴唇要诚实地说出。（33章1-3节）

以利户一直把话憋在心里难受，这下可得着开口发言的机会了。因与朋友们无休止的争辩，约伯已甚是疲乏。为了使约伯打起精神，领悟他的劝言，以利户正在试图唤起他的注意力。

以利户一直在旁倾听约伯和朋友们的辩论，仔细琢磨折服约伯的措辞，取胜的套路已是胸有成竹，便称："我现在开口，用舌发言"。显然，以利户情绪极其亢奋，满怀言语急不可耐地要宣泄出来。

用真理分辨以利户此时的表现，可以发现三个方面的缺点：其一是急下定论；其二是缺少节制；其三是一吐为快。

以利户以责备的口气对约伯说："我的言语要发明心中所存的正直；我所知道的，我嘴唇要诚实地说出。"约伯为何一直说那样的话，说那些话是出于什么样的心境，其实以利户一点都不理解，只是根据约伯的话进行主观的论断、追究和定罪。

以利户认为神对约伯严加管教，乃是因为约伯是坏人的缘故。他以此判断标准去听约伯的陈词，将约伯视为说谎成性的十足的坏人。

神的灵造我，全能者的气使我得生。你若回答我，就站起来在我面前陈明。我在神面前与你一样，也是用土造成。我不用威严惊吓你，也不用势力重压你。（33章4-7节）

以利户相信创造主神并祂的大能。他因有善良的本性，追求真理，心里承认神的存在。以利户自以为所言精确无比，足以使约伯哑口无言，便坦然对约伯说："你若回答我，就站起来在我面前陈明。"

若是真理之人就不必说这样的话。每当法利赛人、律法师和文士们千方百计地抓住把柄要陷害耶稣的时候，耶稣都以满有权柄的话语予以回复，一针见血，使任何辩论都成为多余的。

真理之人劝勉别人，旨在叫人悔改受益，而不在于折服别人。想要折服别人的心态是基于恶心。用尖酸之言刺痛人，暗设网罗绊倒人，这些都是出于邪恶的心。

人是用土所造的。以利户声称："我在神面前与你一样，也是用土造成。我不用威严惊吓你，也不用势力重压你。"这里"威严"是指以知识和学问塑造的品格所散发的威势；"势力"则指阔绰富足所体现的权势和力量。论威严和势力，以利户远不及约伯。以利户的意思是：在神面前你我并无区别，都是用土所造，尽管论学问和富贵，我远远不如你约伯，但我能够以理服你。

"你所说的我听见了，也听见你的言语，说：'我是清洁

无过的，我是无辜的，在我里面也没有罪孽。神找机会攻
击我，以我为仇敌，把我的脚上了木狗，窥察我一切的道
路。'"我要回答你说：你这话无理，因神比世人更大。
（33章8-12节）

"约伯啊，我分明听过你的言语，你说自己清洁无过，清白无
辜，在你里面没有不义、也没有罪孽。"

以利户强调他亲耳听到约伯的陈词，并罗列约伯所说的言语，
作为约伯无法狡辩和抵赖的铁证。

约伯说过自己无罪、无过、无不义。比方说：心怀偷窃的意念
本身是罪。将偷窃的念头付诸行动便是过犯，亦是罪孽和不义。不
义是丧失人本分的行为，不义的人与兽无异。

约伯如此说的第一个原因是：通过自省，觉得无罪可察。

其次是他认为自己未曾在行为上犯过罪，于是断定自己无过
犯、无罪孽。

当今世界有这样一群人，一旦觉得自己比别人优越，就轻看别
人，甚至鄙夷不屑。约伯虽然学识渊博，资财丰盛，地位显赫，过
着最上流的生活，却尊重、善待下层人士。

他认为神以他这样善良的人为仇敌，用灾殃和疾病击垮他，使
他卧榻不起，痛苦唉哼，便将此形容为"把我的脚上了木狗"。又
称"窥察我一切的道路"是因为自己病情继续恶化，觉得神抓住他
不放，"窥察"他的一举一动。

"你说你是无辜的，一切都是神的错，意思是你比神更大了！这岂不是定神的罪呢？"

在人意层面上思考，约伯的话没错。因为从肉体看，他是完全正直的。然而从属灵的角度看，他的话是不对的。这已在前面探讨过。

可是以利户照着人意断定约伯错了，故以利户的看法，无论从肉体的角度看，还是从属灵的角度看都是错谬的。他自己不明白神的旨意，却托神的名教训人，便是轻慢神的表现。

约伯无论怎样说实话，约伯的三友和以利户也不肯相信，因为他们是虚假浮夸的人。

2. 固执己见的顽梗之心

你为何与他争论呢？因他的事都不对人解说？（33章13节）

以利户运用所积累的知识，试图攻破约伯自以为义的观念。

"神做事从不对人解说，想怎么做就怎么做，你凭什么向神抗辩？神对你一言不发，祂有权这么做，你凭什么抱怨神不应允你，甚至宣称神击垮义人！你对神如此妄言，成何体统？约伯啊，你这样的人神没有必要回答。你还是闭口安静吧！"

以利户的这话是针对约伯曾说"我有什么罪，神可以指出来；

我既然无过，神为何这样把我倾覆"而言。

可以看出以利户是个主观意念十分顽固的人。他以正直和诚实自居，但他是个自己的观念极其牢固的人，凡不合自己心意的都不肯去理会，一味地排斥，虽也采纳别人之言，但只在中意的时候。

真理是不求自己的益处，只求有益于别人。人的知识或想法不一定都对，应当懂得退一步思考。唯独具备开阔的胸怀，吸纳别人的观点和知识，方能理解别人，与众人和睦。

我们当查验自己是否有以利户一样的心态。是否自以为是，凡不合自己心意的一概否定和排斥呢？常有过失和缺欠的人，总会给人带来麻烦、不快或伤痛。

神说一次、两次，世人却不理会。人躺在床上沉睡的时候，神就用梦和夜间的异象，开通他们的耳朵，将当受的教训印在他们心上，好叫人不从自己的谋算，不行骄傲的事（原文作"将骄傲向人隐藏"）；拦阻人不陷于坑里，不死在刀下。（33章14-18节）

前面章节中以利户说神是不会理睬像约伯这样的人。这里又说神用异梦和异象屡次三番地教训人。

意思是：神对约伯沉默不语，是因他邪恶的缘故。然而针对义人，神会在梦里或异象中对他细细地开导。以利户通过这种比较，试图叫约伯醒悟自己是何等邪恶的人。但这样的话非但不能使约伯醒悟，反而使他痛上加痛。

第17节说："好叫人不从自己的谋算，不行骄傲的事（原文作"将骄傲向人隐藏"）"表示神为了使人改正误犯的错误，在梦中向人开示。

第18节说"拦阻人不陷于坑里"，是指神保守和搭救人脱离险境。如经上所记，神保守被丢入狮子坑中的但以理和被扔进火窑里的其三友毫发无损；神也搭救被大鱼吞入腹中的约拿安然生还。

以利户声称神只对义人显现、开导并施行拯救，对约伯这样的恶人则置之度外。以利户被自以为是的己义所蒙蔽，妄称神的名。

> "人在床上被惩治，骨头中不住地疼痛，以致他的口厌弃食物，心厌恶美味。他的肉消瘦，不得再见，先前不见的骨头都凸出来。他的灵魂临近深坑，他的生命近于灭命的。
>
> （33章19-22节）

这里"人"是指约伯，以利户一反直言表述，开始以婉转的语调教训约伯。

骨头不住地刺痛，人会终日在痛苦中挣扎，唯有苦思怎样才能摆脱这种痛苦，导致厌弃食物，厌恶美味。人久卧病榻，自然身体消瘦，甚至只剩皮包骨之状。

第22节说"他的生命近于灭命的"。这里"灭命的"指的是神。表示死亡的阴影已笼罩约伯。

以利户对约伯非但不是安慰，反而加以抨击，说：因你是恶人的缘故，全能的神对你转脸不顾，弃绝了你。你的生命已近于那灭命的。

3. 以利户对神的认识误区

一千天使中，若有一个作传话的与神同在，指示人所当行的事，神就给他开恩，说："救赎他免得下坑，我已经得了赎价。"他的肉要比孩童的肉更嫩，他就返老还童。他祷告神，神就喜悦他，使他欢呼朝见神的面；神又看他为义。

（33章23-26节）

约伯已是濒临死亡。但以利户说：在众多天使中，若有一个天使指示卧病在榻的人行一件善事，又把人照行的善举向神作见证，神必怜恤他并开恩救赎他。意思是：约伯是个恶贯满盈，毫无得救指望的人。

约伯已是体无完肤，疮口裂而又合，合而又裂，遍体溃烂，粗糙的像树皮一样。

第25节里，以利户说：约伯若是有个义举，天使予以肯定，并向神禀告，约伯的肉就能比孩童的肉更嫩，他就返老还童。此时约伯若是祷告神,神就喜悦他,并看他为义,约伯便得与神和好。

此时以利户的话完全与真理相悖。按照以利户的说法,一个恶贯满盈,无法得救的人,只要行了一件善事,被天使看中,天使将此事向神禀告,神便看他为义,并救赎他脱离死坑,那么这世界上恐怕没有一人不得救。一个人无论怎样恶,他也会有善良的一面。

以利户凭着自己的知识和常理,审判约伯,断定他的罪。又凭着他的知识说神是公义的,对无罪的人,神是不会击打的。

由此他推定约伯若不是十恶不赦的罪人、恶人,就不可能落到这般窘境。并断定约伯从前的善行义举都是虚伪的,不过是为了炫耀自己。约伯所讲的真话,以利户一概断定是谎言。于是对以利户的话,约伯自然充耳不闻,不屑一顾。

> 他在人前歌唱说:'我犯了罪,颠倒是非,这竟与我无益。神救赎我的灵魂免入深坑,我的生命也必见光。'(33章27-28节)

以利户甚至讲述其"必然"的结局,说:"约伯脱离苦难,在人前歌唱说:我从前心地顽恶,作恶多端。那时朋友规劝,我就抵挡,颠倒是非,与他们争辩,这些都没有给我带来转机。以利户的劝言,令我幡然醒悟,我忏悔且行件善事,天使向神禀报此事,神就救赎我的灵魂免入深坑,使我的生命焕然一新,得以在人前欢乐歌唱。"

以利户自以为讲说真理，但那只是出于人意的虚妄之言。用真理去衡量，他的话无一是对的，反而更加伤害约伯的感情。

> "神两次、三次向人行这一切的事，为要从深坑救回人的灵魂，使他被光照耀，与活人一样。约伯啊，你当侧耳听我的话，不要作声，等我讲说。你若有话说，就可以回答我，你只管说，因我愿以你为是。若不然，你就听我说，你不要作声，我便将智慧教训你。"（33章29-33节）

以利户宣称：一个专行恶事的不义之人，若行了一件小小的善事，神就从深坑救回他的灵魂，使他被生命之光照耀。

然而，神不是像以利户所说的那种小气的神。神藉着正直人彰显祂的公义，藉着义人发现祂的生命之光，使众人追随那光。神凡事按公义行事，不会因一个满有罪恶的人行了一点善事，就祝福他。

神愿我们远离一切恶事，向往光明，祂将我们全然引向光明。祂不喜悦我们把心的一半交给黑暗，一半依托光明。

听着以利户违背真理的教训，约伯甚是难过。约伯忍受不了以利法的这种荒谬的说法，想要开口反驳。

因此第31节里以利法赶忙阻止约伯说"不要作声，等我讲说"。着实是蛮横无理，骄傲亵慢的表现。看到以义人自居的约伯，落得这般悲惨的境地，以利户仿佛小人得志，似乎有些得意忘形，粗鲁地呵斥约伯。

"约伯啊，我的智慧远胜你的智慧，你只管默然静听我的教训，保证叫你改造成真义之人。"

以利户居然声称要教训约伯归义，可见鄙夷藐视约伯已到了极处。他宣称要凭着智慧教训约伯归正，但他所谓的智慧根本算不得真智慧。别的不说，"不要作声，等我讲说"这种作法本身是不相宜的。不由分说地用自以为是的道理教训人，约伯的心怎能不翻腾呢？

第三十四章

何为真正的智慧和知识

1. 不要自作审判官

2. 强调神的"专权"

3. 破除自尊心和负面情绪

4. 不要论断定

他原知道他们的行为，使他们在夜间倾倒灭亡。他在众人眼前击打他们，如同击打恶人一样。
因为他们偏行不跟从他，也不留心他的道；甚至使贫穷人的哀声达到他那里。
他也听了困苦人的哀声。（34章25-28节）

1. 不要自作审判官

以利户又说："你们智慧人要听我的话；有知识的人要留心听我说。因为耳朵试验话语，好像上膛尝食物。我们当选择何为是，彼此知道何为善。"（34章1-4节）

第2节说"你们智慧人要听我的话"。"你们"是指着约伯及其朋友们乃至四周的人说的。

"你们要侧耳倾听我智慧的言语、真理的教导，会使你们醒悟自己的愚昧。我的智慧远胜你们的智慧，你们当向我学习，必定受益匪浅！"

以利户自满自傲自醉而忘乎所以藐视别人。他高谈阔论智慧和知识，叫人聆听他的教训，但那些教训都是出于他不完全的智慧、知识和负面情绪，故而适得其反，令人伤心痛苦愁烦迷乱。

神在《圣经》上所论及属灵的智慧，是指领悟神生命之道。将所领悟的真道存在心里，便是有了属灵的知识。故我们当领悟神的道，具备真正的智慧；将神道之灵意存在心里，具备真正的知识。

人是从出生的时候开始积累知识。将通过所见、所闻、所学得来的知识，储存在头脑记忆系统里。将储存的知识调出来便是意念，运用所存的知识便是智慧。不过，知识不仅有真理的知识，也有相反的非真理的知识。

第3节"因为耳朵试验话语，好像上膛尝食物"，耳朵并没有试验话语的功用，只是通过鼓膜震动分辨声音。话语是靠头脑记忆系统所产生的意念以及心灵来理解的。

> 约伯曾说：'我是公义，神夺去我的理。我虽有理，还算为说谎言的；我虽无过，受的伤还不能医治。'谁像约伯，喝讥诮如同喝水呢？他与作孽的结伴，和恶人同行。他说：'人以神为乐，总是无益。'（34章5-9节）

以利户将约伯至今所说的话归纳为三个方面。当然以利户说的都是事实。那么约伯为何说这些话呢？

约伯行事为人正直完全，凭着良心去衡量自己，自觉无愧是个义人。因此他反问：神收取我的儿女和财富，又用毒疮攻击我，把我推进这痛苦的深渊，神的公义何在！并且声称神的义不如他的义。

而且他认为神把他这样正直的人看作是恶人，而且算作满口谎言的败类对他施行审判，便把神看作是屈枉正直的不义的神。约伯认为自己没有罪过，然而神冤枉他为罪人，对他如此这般苦待和折磨，使疮疾不见好转，于是断定神有过。

如今也有很多像约伯那样持有错误想法的人。他们抱怨神说：我持守主日，奉献十一，热衷于信仰生活，神为何不应允我，不赐福于我。这是因为他们认为自己是义人。然而在神看来，他们心里面有很多恶。他们未曾察觉出来，也不知自己缺少爱心和德行，却总爱用自己的眼光去挑弟兄的错。

在以利户的眼里约伯是何等邪恶的人呢？

"一个在神面前如虫如蛆的人，竟敢说神是坏的……约伯啊，天底下哪有像你这么恶的人啊？"

在以利户看来，约伯肆无忌惮地讥诮、亵渎神，如同口渴饮水习以为常。

第8节说"他与作孽的结伴，和恶人同行"是什么意思呢？

物以类聚人以群分，义人与义人相交，恶人与恶人相投；赌徒跟赌徒相混；多舌的人跟多舌的人相聚，他们爱挑人之过，揭人之短，往来传舌，搬弄是非。

约伯遭遇试炼之前，一定是与有名声、地位、博学、多智的人交往。然而当约伯变得一无所有的时候，那些曾经景仰他亲近他的人都离开了他。取而代之，如今约伯的四周尽是那些幸灾乐祸来看约伯窘态的、来讥笑诽谤的一群龌龊之辈，吵吵嚷嚷，于是以利户称约伯"与作孽的结伴，和恶人同行"。

面对这些聚众，约伯为自己辩白称："我从前讨神的喜悦，神却把我当作罪人惩罚，使我体无完肤，满身疮痍。"以利户听着约伯跟他们的对话，便判定约伯是个不可理喻的十足的坏人。

2. 强调神的"专权"

> "所以你们明理的人，要听我的话。神断不至行恶，全能者
> 断不至作孽。他必按人所作的报应人，使各人照所行的得
> 报。神必不作恶，全能者也不偏离公平。（34章10-12节）

"所以你们明理的人，要听我的话"，意思是：你们要留心听我的话，要细细地咀嚼品味，不要当做耳边风。

在此，以利户为何提到"全能者"呢？全能者满有力量、能力和权柄。他要说的意思是：神虽具有能力和权柄，但祂断不会凭此行不义的事。

"约伯啊，你应该认清你的邪恶，神断不至行恶，必不至作孽，祂是公义的神，祂必按人所作的报应人，使各人照所行的得报。神虽是全能者，但祂绝不会做出偏离公平的审判。如此公平公义的神不会无缘无故把人击垮，我敢断言：无非是你约伯邪恶、不义、虚假的缘故。"

> 谁派他治理地、安定全世界呢？他若专心为己，将灵和气
> 收归自己，凡有血气的就必一同死亡，世人必仍归尘土。
> "你若明理，就当听我的话，留心听我言语的声音。难道恨
> 恶公平的，可以掌权吗？那有公义的，有大能的，岂可定他
> 有罪吗？（34章13-17节）

以利户表示神是创造大地、安定全世界的创造主。他说：至尊的神若是凡事只为自己，将一切活物的灵和气收回去，那么凡有血气的就必全部死亡，人也要死亡腐朽归于尘土。

神具有绝对的主权，但祂不是滥用主权的神。神是真理本身，祂住在至善、公义、公平和慈爱中，在祂无所不能，但祂从不任意行使主权，也断不至行恶。祂是配得我们绝对信赖和敬畏的神。

第16节说"你若明理，就当听我的话"，前面提到"你们明理的人"，这下又换口气说"你若明理"，反映出以利户极其骄傲的心态。

"神是信实、公义、全能的神。约伯你胆敢如此定神的罪呢？"

> 他对君王说，你是鄙陋的。对贵臣说，你是邪恶的。他待王子不徇情面，也不看重富足的过于贫穷的，因为都是他手所造。（34章18-19节）

我们是受造物，称颂神是理所应当的。以利户依着自己所存的知识高举神，但动机是要给约伯定罪。这是出于邪恶的心。

这是人们信仰生活中常见的弊病，顺着自己的恶，托神的名或某人之名说话，企图得逞判断人、陷害人的目的。

神不会"对君王说，你是鄙陋的。对贵臣说，你是邪恶的"。神不偏待任何一个人。祂照着公义，按人内心所存的善以及行为报应人。

在转眼之间，半夜之中，他们就死亡。百姓被震动而去世，有权力的被夺去非藉人手。"神注目观看人的道路，看明人的脚步。没有黑暗、阴翳能给作孽的藏身。神审判人，不必使人到他面前再三鉴察。他用难测之法打破有能力的人，设立别人代替他们。（34章20-24节）

"约伯啊，你曾算是显贵之人，是有名望的富豪，但神并没有把你重看，因为那一切都是祂手所造的。你们这些恶人，夜间突然死于非命。人死在恐惧中，有权力的被夺去不是凭借人的手。"

神全知全能，祂无所不知、无所不能。神的确注目观看我们的道路，看明我们的脚步。

以利户说"没有黑暗、阴翳能给作孽的藏身"是对的。在神面前没有一样是不显明的，故称作孽的人无处藏身。

"约伯啊，你受神的惩罚，深陷痛苦的境地，行走死亡的道路，无非是因你的罪孽尽显无遗。你岂有逃避之所、藏身之处？神的权柄至高无上，谁敢对祂提出异议！何况对你这等作孽的人，神不会恒久忍耐，必立即审判。你虽曾有权有势，富贵繁荣，但神瞬间打破你这一切，设立别人代替你，得享你的福气。"

我们可以换位思考，感受约伯听此话时的心情。人不论怎样恶，我们也应当给他栽植盼望，这就是善。然而，以利户用刻毒的言语，践踏约伯的人格，反映出其对约伯忌恨情绪之深度。借此，我们当认识到负面情绪的危害。

3. 破除自尊心和负面情绪

以利户见约伯尽管遭受患难，不停埋怨神，依然自以为义，便认为伤了自己的尊严，情绪翻腾。于是表示：神对约伯不经忍耐立刻严惩是对的。

神教导我们要恒久忍耐。神是恒久忍耐，温柔慈爱的神，并不是像以利户所说的那种对恶人没有耐心，立马惩治的神。祂不喜悦报应人的罪孽，而愿意记念人的长处，对人恒久忍耐。

约伯富足强盛的时候，以利户常觉心里不平衡，自尊心受压制。从他毫不留情地训斥贬低约伯的表现中也可以看出这一点。以利户出于自尊心和负面情绪，对约伯妄加臆测、论断、定罪和训斥。我们断不能学以利户的样式。

"自尊心"是指不肯屈身，抬高自己的身份或品位的心态。世人甚至说"没了自尊，不如死了算了"。

然而，真理的教训是截然不同的。耶稣被钉在十字架上的时候，很多人讥笑祂说：你如果是神的儿子，就从十字架上下来吧！我们就信你。耶稣若有自尊心，听了这话就会立刻从十字架上下来，对他们说：你们看，我就是大能者。耶稣若有自尊心，是不会背负十字架的。使徒保罗若有自尊心，他可以出示自己的罗马民籍，就不至于下监牢。

"情绪"缘自人非真理的心里面潜藏的自尊心。自尊心受伤的原因是将自己和别人比较。自尊心受伤，会触发情绪，向对方怀恨，导致不和，产生误解。恶更深的人，甚至会揭人之短。他们顺着负面情绪，造谣毁谤某位执事或长老，充满自己的恶贯。

情绪是令人仇恨、纷争、遭撒但亵渎的要因。故我们当认识到自尊心所诱发的情绪，是何等的邪恶，是何等令人痛苦的事。

因有自尊心的缘故，在教会里有人被绊跌、趋于软弱、丧失信心，甚至厌恶教会和牧师而叛离教会。

当我们将这仇恨从我们心里除去净尽，心里便会充满仁爱，于是见到别人得到好处，就可以一同欢喜。情绪会触伤自尊心，是对人有害无益的恶，我们当除去一切负面的情绪，活出真理和仁爱，成为老练的基督徒。除净了心里的恶，我们必蒙神无穷的大爱。

> 他原知道他们的行为，使他们在夜间倾倒灭亡。他在众人眼前击打他们，如同击打恶人一样。因为他们偏行不跟从他，也不留心他的道；甚至使贫穷人的哀声达到他那里，他也听了困苦人的哀声。（34章25-28节）

这里"他们"是指不顾恤孤儿寡妇的恶人，间接地将矛头指向约伯。他说神会使约伯在夜间倾倒灭亡，神对约伯的行为了如指掌，因此在众人眼前击打约伯。

"因为他们偏行不跟从他，也不留心他的道"是指不跟从神的真理，离开神的道路而偏行己路。

意思是："约伯啊，神击打你，是因为你不跟从神，不留心神的道，反而偏行恶道。"

以利户对约伯避免直言直语，而以间接的方式来影射他。随着与朋友们的辩论不断升温，约伯的情绪越发高涨，已到了白热化的地步。以利户因感到正面指责是没有胜算的，便采取了这种指桑骂槐的策略。

"约伯啊，你应当反省自己曾经怎样虐待穷人，想想有多少人因你而受苦受难。他们的哀声已达到神那里，神已垂听了他们的呼求。"

从属肉的层面讲，约伯是没有恶的人。他虔诚地敬畏神，行事为人完全正直。无论富人还是穷人，他都一样恩待。这地上有多少像约伯这样的人呢？然而以利户却严重污蔑约伯。单听以利户的一面之词，约伯仿佛是个十恶不赦的卑劣之徒。

如今也有很多像以利户一样持有错误价值观的人。我们应当对此有个明确的分辨。

4. 不要论断定罪

"他使人安静，谁能扰乱（或作"定罪"）呢？他掩面谁能
见他呢？无论待一国或一人都是如此。使不虔敬的人不得

作王，免得有人牢笼百姓。（34章29-30节）

"他使人安静，谁能扰乱（或作"定罪"）呢？"此话是什么意思呢？

"约伯啊，神若使你这恶人一夜之间倾倒灭亡，穷人或受苦之人不就可以得到安静，得享和平吗？神使他们平安，谁能反对呢？约伯啊，你这顽恶的人，你即使拼死哀鸣呼求，也是无法得见神。"

可以看出以利户的话是极其错谬的。神并没有离开约伯，也没有将他远离或弃绝，只是正在熬炼约伯，要造就约伯成为合神心意的器皿，赐他丰盛的祝福，因为神知道约伯经过熬炼就会成为一个大器皿。

第29节"无论待一国或一人都是如此"，是从宽泛意义上说的，表示神除灭恶人，免得奸佞诡诈的小人得志，鱼肉百姓，或迷惑百姓陷在罪中。言外之意就是：约伯你也是同类，自然难逃神严厉的惩罚。

照以利户的说法，神若真是那样行，这世界上，恶人早已绝迹了。以利户随意判断人，仿佛自己是神。这是骄傲的表现、妄称神名的罪。

"有谁对神说'我受了责罚，不再犯罪。我所看不明的，求你指教我；我若作了孽，必不再作'？他施行报应，岂要随你的心愿，叫你推辞不受吗？选定的是你，不是我。你所知

道的只管说吧！（34章31-33节）

在以利户看来，约伯虽受了责罚，却不向神坦白罪行并承诺不再犯罪。神的审判是公义的，约伯最起码应该要求神指教他明白自己的罪孽，但约伯却没有那样做。非但约伯如此，这世上的人普遍都是如此。

正如以利户所说的约伯既不承认自己的错误，也不悔改自己的过犯。然而，对约伯来说这话极其荒谬，无法理解，因为自己平生一心向善，严持操守。在约伯的立场上，以利户的话简直是无稽之谈，信口雌黄。

第33节说："他施行报应，岂要随你的心愿，叫你推辞不受吗？"

意思是："约伯啊，你也曾怀着蒙福的心愿向神祈求、献祭。可是你随从自己顽恶的心所行的恶，怎能不受报应呢？公义的神照你的罪孽责罚你，你岂能推辞不受呢？"

约伯认为自己丝毫无恶，一生力行善义。当他听到别人说他恶的时候，实在无法理解，甚觉委屈和无奈。

"约伯啊，你若不肯承认，那就咎由自取吧，选定的是你，又不是我。我没有必要再提醒和指教你，你所知道的只管说吧！"

明理的人和听我话的智慧人必对我说：'约伯说话没有知识，言语中毫无智慧。'愿约伯被试验到底，因他回答像恶人一样。他在罪上又加悖逆；在我们中间拍手，用许多言

语轻慢神。"（34章34-37节）

以利户扬言凡听他话的智慧人必会赞同说："约伯说话没有知识，言语中毫无智慧。"以利户由于心高气傲，就把不认同他话的人统统说成是昏聩愚昧的人。他认为自己所言都是明理、智慧之言，不领受的便是无知识、无智慧的人，反映出其高傲的心态。以利户出于灵里无知，妄加论断和定罪。

第36节以下，而且以利户发恶声称："愿约伯被试验到底。"接待耶稣基督后，人心会变得良善，可以为恶人祷告祝福。这就是我们因信基督领受圣灵，圣灵住在我们心里的凭据，也是以信为本活出真道的见证。

"他在罪上又加悖逆"是指大逆不道，专横暴戾，飞扬跋扈。在以利户眼中，约伯就是这等恶人，神击打他是理所应当的。然而约伯非但毫无悔改的迹象，反而向神宣泄怨言，顽抗到底。

在以利户看来，约伯自称义人，反倒称神不义，损毁神的形像，便形容约伯"在罪上又加悖逆"。约伯是说了很多敌对神的话，但人的内心只有神知道。就是针对恶人我们也应当善待他们，用爱心开导他们，若不这样，对其论断、定罪，用刻薄的言语批评训斥，对他们有何益处呢？

第三十五章

灵里无知的以利户

1.傲气冲天

2.归因是彼此情绪的交战

你要向天观看，瞻望那高于你的穹苍。你若犯罪，能使神受何害呢？你的过犯加增，
能使神受何损呢？你若是公义，还能加增他什么呢？他从你手里还接受什么呢？（35章5-7节）

1. 傲气冲天

> 以利户又说:"你以为有理,或以为你的公义胜于神的公义,才说,'这与我有什么益处?我不犯罪,比犯罪有什么好处呢?'我要回答你和在你这里的朋友。(35章1-4节)

以利户将约伯所表述的观点——"我有理,我的公义胜于神的公义,但这对我有何益处呢?我平生不犯罪,给我带来的好处是什么?"当作把柄来训斥约伯。

"既然一辈子正直为人,秉行公义,还是照样落得这幅窘态,倒不如放纵恶欲,享受罪中之乐。"——约伯哀叹自己曾经敬畏神,远离恶事,力行善义,然而那一切如今对他却毫无用处。约伯的话中包含着一种后悔的心态:见他们这些行恶的人反得祝福,家道兴旺,自己以前若是也像他们那样放纵情欲,犯罪作恶,也许不至于落到这般境地。

> 你要向天观看,瞻望那高于你的穹苍。你若犯罪,能使神受何害呢?你的过犯加增,能使神受何损呢?你若是公义,还能加增他什么呢?他从你手里还接受什么呢?你的过恶或能害你这类的人,你的公义或能叫世人得益处。(35章5-8节)

从中可以看出以利户简直傲气冲天。自以为智慧超群无人可及，仿佛参透神的心意，振振有词，头头是道。在辩论中，以利户因约伯既不领受他的训言，也无忏悔的迹象，便情绪激愤，嫉恨填膺，就把约伯贬为尘埃。"你要向天观看，瞻望那高于你的穹苍"，意思是与广袤无垠的穹苍相比，约伯你不过是一粒尘埃。

"约伯啊，你自己作恶多端，恶贯满盈，与神何干？你就算公义，难道还能给神带来什么好处？"

这段经文中，以利户灵里的无知尽显无遗。可以看出以利户的信仰，乃与神的标准相距甚远。

论恶的危害，即使恶再小，若因其小而容之，也会导致破坏家庭的后果，甚至会招致公司、教会，乃至国家败落的结局。因沉溺于赌博，导致家庭破灭，公司倒闭的悲剧，在我们周遭不乏其例。

神的儿女犯罪，与神并非不受害，不受损。儿女犯罪，走死亡之路，神怎能不心痛！儿女们在光明中行，神的喜乐没有比这个大的。

以利户说这样的话是因为其心与神疏远。约伯犯罪，神怎能以为于己无关呢？

以利户所谓的"世人"是指庸庸碌碌虚度一生的人。

"约伯啊，你的过犯，你的恶只能害到你同样的人，可谓自食其果！你自称虔诚公义，真是令人啼笑皆非。你的公义只不过能叫那些虚空无望，苟且偷生，微不足道的世人得到些许好处。其实你是个毫无价值的人。"

2. 归因是彼此情绪的交战

> "人因多受欺压就哀求，因受能者的辖制（"辖制"原文
> 作"膀臂"）便求救；却无人说：'造我的神在哪里？他
> 使人夜间歌唱，教训我们胜于地上的走兽，使我们有聪明
> 胜于空中的飞鸟。'（35章9-11节）

从字义层面上看，这话是对的。以色列百姓在埃及为奴受压
之时，为了得到自由而向神哀求。若不受欺压，他们也许不会想
到神。

"欺压"除了欺负、压迫的意义以外，还包含着阻止他人履行
道德、伦理、礼仪；催逼他人行违背常理的事等方面。欺压的形态
各异，有直接的，有间接的，有一时的等等。

欺压行为导致不和、不睦、对立和纷争。并且招致叛逆，激起
声讨。丈夫欺压妻子，妻子压迫丈夫；父母苦待儿女，儿女虐待父
母……我们应当杜绝这样的恶事。

第10节以下说："却无人说：'造我的神在哪里？'他使人夜
间歌唱，"昼耕夜息是人类生存规律。夜间歌唱是指人幸福欢乐
的情态。

"教训我们胜于地上的走兽，使我们有聪明胜于空中的飞
鸟"，意为神把人立为万物之灵长。意即神造人类为众生之首。空
中的飞鸟也有其独特的生活方式和智慧。然而，神把丰富的智慧

赐给人类，胜于空中的飞鸟。神将智慧赋予人类，可以说这是神对人类的祝福。

以利户说人们不寻求这位造人并将人立为万物之灵长的神，称"造我的神在哪里？"表示人类对神的忘恩负义。要理解这话的意思，需要与前一节联系起来思考。

意为人往往在受虐待，或遭有势者欺压时急切向神哀告求救。"夜间歌唱"，亦即平安稳妥，幸福欢乐的时候，却不再寻求神。

以利户拐弯抹角地批评约伯说：康健富饶的时候你不寻求神，现在受人欺压和辖制，这才向神求救。

显然，以利户的话是不对的。约伯在幸福安康的时候也殷勤献祭，敬畏神。

> 他们在那里，因恶人的骄傲呼求，却无人答应。虚妄的呼求，神必不垂听，全能者也必不眷顾。何况你说，你不得见他，你的案件在他面前，你等候他吧！（35章12-14节）

第12节里"他们"是指恶人，是针对约伯说的。此时约伯的负面情绪暴涨，已到了一触即发的地步。于是以利户转而婉转地对约伯进行谴责。

"约伯啊，你怎能声称你的义胜过神的义呢？顽恶、亵慢的人，无人搭理。虚妄的呼求，神必不垂听，必不眷顾。你一切都完了。"

这话本身是对的。唯独发自内心的祷告，才能使我们所求的蒙神应允。祷告时心不在焉地说重复话，不胜困倦而打盹，这样的祷告不会蒙神垂听。我们带着罪墙祷告，存着疑心祷告，都是"虚妄的呼求"。《圣经》告诉我们，这样的祷告断不蒙神的应允。

那么什么叫"内心"呢？我们的心有真理的心、非真理的心和与生俱来的本性。人自出生以来，在眼看，耳听，学习的过程中自行分辨善恶，由此形成分辨善恶的标准，这就是所谓的良心。这分辨善恶的标准，即良心是因人而异的。

内心是指人心里分别善恶的核心部分。人本着良心，自己判断为善的就照着行，判断为恶的就拒绝，但有时也会昧着良心去行恶。神参透人的内心，祂对人从内心里追求良善，还是随从邪恶了如指掌；无论何事，人是瞒不过神的。

本文中以利户的愤懑情绪淋漓尽致地表露出来，毫不留情地将约伯"赶尽杀绝"。他咒诅约伯说：你无论怎样哀告呼求，神也不会听你，别再指望了，一切都结束了。

非真理的情绪，使我们骨中朽烂，百害无益。情绪发动，辗转难眠，导致消化功能紊乱，血液循环不畅。尤其易怒的人容易患中风。

人因着这些情绪，多有过失，说不该说的话，甚至为了折服对方而捏造谎言；负面情绪会给人带来心灵的创伤，造成罪墙使

灵里无知的以利户

自己与神隔绝。因此，我们应当把这些负面"情绪"全都钉在十字架上。

第14节说："何况你说，你不得见他，你的案件在他面前，你等候他吧！"

约伯曾经认为自己无辜被神击垮，他要辩白，向神呼求，然而神没有向他显现，于是声称要等候神的显现。以利户是在取笑约伯的这种说法。

然而，神没有向约伯显现，不回应他的呼求，并非因约伯是恶人的缘故，乃是为了使约伯通过熬炼成为属灵的人，具备配蒙大福的圣洁的器皿。因着神的熬炼，约伯本性里的罪的苦根逐一显明。这些本性里的罪，约伯靠自己是无从发觉的。神就是为了使约伯拔除这些罪根，便允准他经受祝福的熬炼。

但如今因他未曾发怒降罚，也不甚理会狂傲。所以约伯开口说虚妄的话，多发无知识的言语。"（35章15-16节）

这里"狂傲"是指狂妄自傲。在以利户看来约伯在神面前实在是狂妄自大，傲气冲天，自己显然是个罪人，却还自称为义，甚至胆敢向神纠问。

"约伯啊，你如此狂傲，神本应该对你严加管教，怒降责罚彻底把你铲除。但看到神不怎么理会你的狂傲，你就更加肆无忌惮地用无知的谬言妄语抗拒主神。"

以利户认为神应该用比现在更严厉的惩罚来治服约伯，使他住嘴。但神似乎并不怎么理会约伯的狂傲，任由约伯继续说狂妄的言语。

第三十六章

误解约伯的以利户

1.辩论愈发升温

2.以利户糟践约伯

3.揭示摆脱苦难的出路

4.述说神的权能

神也必引你出离患难，进入宽阔不狭窄之地；摆在你席上的必满有肥甘。（36章16节）

1. 辩论愈发升温

> 以利户又接着说："你再容我片时，我就指示你，因我还有
> 话为神说。我要将所知道的从远处引来，将公义归给造我
> 的主。我的言语真不虚谎，有知识全备的与你同在。(36
> 章1-4节)

"你再容我片时"，从以利户的这话，我们可以得知此时辩论
的激烈程度。人们辩论的时候往往是这样的：没等对方说完，就强
行打断别人的话头反唇相稽。

约伯记不以各人说话的顺序描写，而将一个人的陈词合成一
篇进行记述。面对无中生有的污蔑，怀冤抱屈，激愤难耐的约伯怎
能保持静默呢？一定是不择时机地插嘴，试图打断对方话头进行
反驳。

以利户的意思是："你先别打断我的话，只管静听，等我把话
说完。"

以利户一直喋喋不休地对约伯讲述完全不合神旨意的话，约
伯自然不屑一听。但以利户仍未察觉，还称"我还有话为神说"。

第三节里，以利户说："我要将所知道的从远处引来，将公义
归给造我的主。"这些话是不合理的，是轻视神的表现。

我们可以从中明白许多道理。耶稣传福音时，因为人悟不到灵
意，祂就用现实中的比喻，浅显易懂地予以分解。但当时的门徒们

还未领受圣灵，仍处在属肉的状态，故很多话他们依然还是不得其悟。

以利户也应当拿现实生活中的事物平易易知地作比方来讲论，方能有助于他人理解，然而他说"要将所知道的从远处引来"。他所使用的比喻净是些荒诞离谱、不着边际的。

他自称要"将公义归给造我的主"，一个不虔不义的人怎能把公义归给神呢？

我们若是犯罪，在黑暗中行，却开口表白："神啊，我将荣耀归给您……赞美我的主，哈利路亚！"神岂不要说："你别再令我难过了，赶快回转吧！"我们唯独行在光明中，并将荣耀归给神，才能得神的喜悦。

第4节说："我的言语真不虚谎，有知识全备的与你同在。"这话是什么意思呢？

前面以利户隐然炫示自己的智慧聪明。"你们智慧人要听我的话"，是表示自己的智慧比人更胜一筹。但他意外地发现，约伯对他这"博学睿智的训诲"居然不屑一听。

"约伯啊，知识全备的朋友们不是在你身边吗？我的话，你的朋友们也认同，并且可以为我作证，你也应该丢弃自己的骄傲，来留心听我的发言。"

2. 以利户糟践约伯

"神有大能，并不藐视人，他的智慧甚广。他不保护恶人的性命，却为困苦人伸冤。他时常看顾义人，使他们和君王同坐宝座，永远要被高举。他们若被锁链捆住，被苦难的绳索缠住，他就把他们的作为和过犯指示他们，叫他们知道有骄傲的行动。（36章5-9节）

神有大能，无所不知，无所不能，高深莫测，但祂不藐视任何一个人，祂有丰富的慈爱。人无论怎样博学睿智，也无法比得过神的智能。

然而，以利户把慈爱信实的神，妄称为"不保护恶人的性命"的神。

"约伯啊，你是恶人中的魁首，遭神击打是必然的，你应该保持沉默。为困苦人伸冤的公义的神，不保护恶人的性命，祂这样击打你是为要把你这样的恶人除灭。"

第7节说："他时常看顾义人，使他们和君王同坐宝座，永远要被高举。"此话是符合真理的。神所称许的义人，神必与他同行，凡所求的都给他们应允，连心怀的意愿也给他们成全。

并使他们在地得居高位，得享尊荣，在天获得永居新耶路撒冷的福气。然而，以利户说此话的动机乃是要糟践约伯。

"约伯啊，你自称为义，甚至宣称你的公义胜过神的公义。既然这样，神为何不与你同在呢？你若真是义人，神岂不要保守你，将你高举，放在尊位呢？殊不知你自己是一个十足的恶人，才被陷在如此的患难之中。"

第8节-9节说："他们若被锁链捆住，被苦难的绳索缠住，他就把他们的作为和过犯指示他们，叫他们知道有骄傲的行动。"

"被锁链捆住"，韩文为"被泄露的秘密所捆住"。意思是："你无论怎么呼求，神也不回答你。这不就是你所说的都是谎言的明证吗？你宣称自己顾恤孤儿寡妇，扶助困苦软弱的人，自称为义，可是神使你彻底败落，致使你的张狂和一切的罪行过犯尽都暴露于公众。"

纵观我国当代历史，有的总统得人的称颂，有的则因其腐败丑闻曝光而遭至身败名裂，成为众矢之的，"被苦难的绳索缠住"，正如第九节所说，其行径、过犯显露，认清自己的骄傲。以利户认为约伯就是这种情形，便采用迂回战术谴责约伯。

> 他也开通他们的耳朵得受教训，吩咐他们离开罪孽转回。他们若听从侍奉他，就必度日亨通，历年福乐；若不听从，就要被刀杀灭，无知无识而死。"那心中不敬虔的人积蓄怒气；神捆绑他们，他们竟不求救，必在青年时死亡，与污秽人一样丧命。（36章10-14节）

这里"他们"是指恶者。以利户说"神开通他们的耳朵得受教训"。当人犯罪的时候，神并不立即审判他们到那悲惨的境地。也就是说，并不一开始就施加严厉的管教。神的儿女若是犯了情欲的事，神会管教他们，使他们醒悟自己的过犯，悔过自新。只要他们悔改归正，神又缠裹好他们的伤处，使他们复兴，得着亨通之路。

但若不听神言，悖逆到底，就要被神的刀杀灭，无知无识而亡。然而，心存真理的知识的人，必不至死亡，反得丰盛的生命，蒙获永生。

第13节说"那心中不敬虔的人积蓄怒气"。这样的人无法在神里面得享自由，反而受黑暗权势的辖制。他们因不停地积蓄罪恶，神的咒诅便临到他们身上，遭受患难，被黑暗势力所捆绑。以利户说他们顽梗，尽管受辖制和捆绑，也不向神求救。

那么，以利户为何说这样的话呢？此话其实是针对约伯说的，指他顽冥不化不向神求救。在以利户眼中约伯是个恶人，于是神没收了其儿女和财物，并用毒疮击打他。然而约伯非但不反省、求神饶恕，反而向神抗辩，甚至宣称自己的公义胜过神的公义。

第14节说："必在青年时死亡，与污秽人一样丧命。"以利户发咒称恶人必死于非命。这里"污秽的人"，在韩文《圣经》为"男娼"，男娼是指以亲男色、卖身为业的男人。以利户在严重污蔑约伯，其恶的程度有多深，由此可见。辩论导致以利户、约伯和其三友心中恶的情绪越积越深。

3. 揭示摆脱苦难的出路

神藉着困苦救拔困苦人，趁他们受欺压，开通他们的耳朵。神也必引你出离患难，进入宽阔不狭窄之地；摆在你席上的，必满有肥甘。"但你满口有恶人批评的言语，判断和刑罚抓住你。不可容忿怒触动你，使你不服责罚，也不可因赎价大就偏行。（36章15-18节）

以利户向约伯宣泄刻毒的咒诅之后，继续口吐令约伯伤心懊恼的话。

"约伯啊，你若停止行恶，不住向神求助，神必在你困苦之日救拔你，在你受欺压之时，向你伸出施恩的手。但你却不这样行，以致受神的咒诅，被摆在死地。你若是顺服神，神也必引你出离患难，进入开阔通达的境界……神必使你的光景更加美好。"

第17节里，以利户说："但你满口有恶人批评的言语，判断和刑罚抓住你。"他称约伯为恶人，必遭相应的责罚，将来一定多有患难。"审判和刑罚抓住你"是指约伯难逃神公义的审判。

第18节："不可容忿怒触动你，使你不服责罚……"这里"忿怒触动"是指怒火中烧，不惜以过激的言行暴发的状态。当人难以克制自己情绪的时候，会握紧拳头，气喘如牛，愤然坐下，起来，又来回踱步，躁动不宁，甚者随手乱摔东西。

以利户看着约伯激愤难耐的神情，便警告他不可发怒，别不服责罚。"责罚"包含着处罚;惩处;责打之意。

从属灵的角度讲,忿怒的人必然不服责罚。轻易发怒的人,圣灵的九种果子一个也没有结在心中。就是仁爱、喜乐、和平、忍耐、恩慈、良善、信实、温柔、节制之果没有一样结在心中。当我们因某件事受人责备时,自尊心受伤,产生抵触情绪,或忿恨恼怒,便是极其愚昧的表现。无论在任何事上,我们都不能忿怒,应当追求良善,结出和平之果。

"约伯啊,你若容忿怒触动你,神只好对你严加责备和击打。你有很多罪需要认出来,非付出重价不得赎免。所以,你当自卑。"

你的呼求("呼求"或作"资财"),或是你一切的势力,果有灵验,叫你不受患难吗?不要切慕黑夜,就是众民在本处被除灭的时候。你要谨慎,不可重看罪孽,因你选择罪孽过于选择苦难。(36章19-21节)

意思是:约伯,你因着苦难哀哭呼号,抱怨不平,放纵恶欲,这对你有何益处!

当人们像约伯那样陷入苦境的时候,往往灰心沮丧,自暴自弃,怨天尤人,悲戚哀痛。比如丈夫若因事业倒闭,心情烦躁郁闷,就回到家里拿妻子或儿女们出气,使原本温馨的家庭变得鸡犬不宁,于人于己有何益处呢?

第20节-21节说:"不要切慕黑夜,就是众民在本处被除灭的时候。你要谨慎，不可重看罪孽，因你选择罪孽过于选择苦难。"

"与其如此痛苦，不如一死百了。"以利户和朋友们多次听到约伯这样说。这里"黑夜"是指死亡。"众民在本处被除灭的时候"是指人命终之时。

因不堪忍受这巨大的苦难，约伯切愿自己快点命终，下入阴间。第3章里，约伯咒诅自己的生日，甚至抱怨父母把他生出来。

"约伯啊，因为无论怎样劝戒，你也不听，神只好对你施行审判。你巴望自己的生命早点结束，但我劝你不要将恶人做到底！"

4. 述说神的权能

神行事有高大的能力，教训人的有谁像他呢？谁派定他的道路？谁能说，'你所行的不义'？你不可忘记称赞他所行的为大，就是人所歌颂的。他所行的，万人都看见，世人也从远处观看。神为大，我们不能全知，他的年数不能测度。（36章22-26节）

"神本着自己的大能，行大而可畏的事，有谁能像祂一样教训人呢？神本为善，本为公义，祂照自己的旨意，行祂自己的道路，谁能称他所行的不义？"

以利户说此话，是因为约伯曾向神抗议，称神行事不义。

"神所行的何其大，你不可忘记称赞祂，就像众人歌颂祂，荣耀祂的名一样。"

此话是很正确的。神的儿女对神的感恩之心，理当历久弥深，历年不忘。然而，有的重病患者，经接受祷告得到神的医治，摆脱了长久病苦的煎熬，但过了数年，他们却将神医治的恩典忘得一干二净。

蒙耶稣医治的十个麻风病患者中，只有一人回来作见证，归荣耀与神，于是耶稣慨叹道："洁净了的不是十个人吗？那九个在哪里呢？"

当我们时常记念从神所蒙的恩典与为我们所安排的诸多感谢因素，并努力凡事谢恩时，神会随时赐我们智慧聪明，使我们能够迅速排除一切问题。约伯若是凡事向神谢恩，殷勤祷告，与神亲密相交，神必作他随时的帮助，排解一切难处，使他不至于遭受这般苦境。

"神奇妙的作为，有目共睹，众所周知，就连世人也为之惊叹。祂是创造万有的神，我们是祂所造的，祂的心人不能全知，祂的年数人无从测度。但约伯啊，神虽以大能击垮了你，可祂的心不知何时转意。只要祂愿意，现在也能使你痊愈，彻底复原。可怜的约伯啊，赶快悔改，归入正路吧！"

何处有神大能的作为彰显，神的儿女自然闻而同喜，将赞美和荣耀归给全能的神。

第26节里，以利户说"神为大，……他的年数不能测度"，表示神是伟大的神，祂的心意，人不能全知，也无法测透。

以利户的意思是人只能对神略知一二，祂深层的心意，人无从知晓。然而我们认识神。而且我们进灵的程度越深、属灵信心的水准越高，认识神的程度也越发加深（约翰一书2章12节-14节）。

三岁的孩子和二十岁的孩子从心里了解父母的程度自然会呈现很大的差异。

我们身为神的儿女，应当长大成人，具备父老的信心，深明神元本的属性（约翰一书2章13节）。

> 他吸取水点，这水点从云雾中就变成雨。云彩将雨落下，沛然降与世人。谁能明白云彩如何铺张，和神行宫的雷声呢？他将亮光普照在自己的四围，他又遮覆海底。他用这些审判众民，且赐丰富的粮食。（36章27-31节）

正如以利户所说的，神吸取河水、海水等一切地面上的水变成水蒸气，这些水蒸气升到天上变成云团，复又变成雨水沛然降于人间，滋润山野草木，使众生得饮净水。

神若没有设定这般规律，水源也许只存在于某一地区，动植物便无法生息。大海若不翻腾而处于静态，定然腐败发臭，生物绝迹。

数千年的岁月过去了，地面上的水源变成水蒸气，升到空中形成白云，复又变成雨水降下滋润地面的规律至今丝毫未变。假如进化论成立，那么这些规律理应随着岁月的流逝而改变，或者受其他什么的影响。

然而，神所设立的规律和次序，即使过了数千年也不会改变。地球的自转和围绕太阳的公转、太阳系乃至宇宙的一切定律，都照神的安排分毫不差地运行。

第29节里，以利户问："谁能明白云彩如何铺张，和神行宫的雷声呢？"云彩随着风力演绎出各种形态，有时仿佛花朵或动物，有时貌似人形或地图。"神行宫的雷声"是指在穹苍发响的雷声。古时谁能明白这一自然现象呢？科学发达的如今，其原理已被揭晓。

"他将亮光普照在自己的四围"，是指闪电出现时普照四面的现象；"他又遮覆海底"是意味着人轻易不能看见海底。

第31节说："他用这些审判众民，且赐丰富的粮食。"

那么，神果真用电闪雷轰来审判众民吗？当电闪雷轰时，世人会受惊吓，感到恐惧。产生这种恐惧感的原因是有罪。满有良善，丝毫无恶，活出光明之道的人，就没有恐惧。他们认识来世，承认真神，因此对死亡没有丝毫的恐惧。

人受惊吓或感到恐惧就是因为有罪恶的缘故。我在信神之前，每当电闪雷鸣时感到十分恐惧。但自从信神之后，就算突然"轰隆"一声震雷，也不受一丝惊吓。

以利户是个没有活出真理的罪人，因此电闪雷轰时感到惧怕，于是认为神用雷声咒诅人。

他以电光遮手，命闪电击中敌人（或作"中了靶子"）。所发的雷声显明他的作为，又向牲畜指明要起暴风。（36章32-33节）

人瞄准靶子是用手操作的。以利户观察闪电现象，电闪时貌似在击中某个目标点。在以利户看来，神用祂的双手发出闪电，雷击祂的敌人。当然，科学发达的现今时代，人们不再持有这种想法了。

第33节说："所发的雷声显明他的作为，又向牲畜指明要起暴风。"

电闪雷鸣是暴风骤雨的预告。走兽、飞鸟、昆虫也会本能地感知危险，及时移至安全地带。随着科学的发展，动物本能地依循自然规律的奥秘已被揭晓。

鸟类懂得在哪个枝杈上筑巢比较安全，地上的走兽和水中的游鱼也辨知可以避险的高处或深处，谋得生存。

"约伯啊，当电闪雷鸣，预告大风暴雨的时候，连走兽也感知险情而躲避，可你尽管受神严厉的管教，重重的责罚也仍执迷不悟，反而与神对抗，依然顽梗固执己见。你若不听从我的教训，就连这些畜牲都不如。"

就这样，连兽类都懂得避险之策，在安全地带安置巢穴，然而人类有时不如它们聪明。比如说，把房子盖在不坚实的护坡底下，每逢下暴雨总要提心吊胆，忽遇发了水，导致房屋倒塌，或出现伤亡事故时，非但不反省自己愚昧的举措，反而埋怨神说"上天太无情"，凡坏事都归咎于神，尽管自己从来没有信过神。我们应当察验自己是否曾经犯过这样的错误。

神告诫我们不可作保，可是有人就偏偏不听，违逆神言给人作保，一旦出了事，就归罪于神，向神发怨言。

第三十七章

以利户对神主权的理解误区

1. 讲述神的威严

2. 嫉妒的心

3. 以残存的同情心试图培植盼望

"因此我心战兢，从原处移动。听啊，神轰轰的声音，是他口中所发的响声。他发响声震遍天下，发电光闪到地极。随后人听见有雷声轰轰，大发威严，雷电接连不断。神发出奇妙的雷声，他行大事，我们不能测透。他对雪说，要降在地上，对大雨和暴雨也是这样说。他封住各人的手，叫所造的万人都晓得他的作为。百兽进入穴中，卧在洞内。（37章1-8节）

1. 讲述神的威严

"因此我心战兢，从原处移动。听啊，神轰轰的声音，是他口中所发的响声。他发响声震遍天下，发电光闪到地极。随后人听见有雷声轰轰，大发威严，雷电接连不断。神发出奇妙的雷声，他行大事，我们不能测透。（37章1-5节）

幼年时期，我经常看到电闪雷鸣的时候小孩子们非常惊恐，赶忙跑进父母所在的屋子里。如今也是如此。

从本文内容可以看出以利户的心与神相距甚远。若是与神亲近，就不会害怕雷轰，原处逃离躲避。对神持有真实的信仰的人，因为确信人类的生死祸福在神的掌控之中，所以不会忧心挂虑，也不会担惊受怕。

"约伯啊，你要倾听！你要倾听神口中发出的声音！神发出雷声般奇妙的声音，祂行人不能测透的大事。你怎敢抗拒这位大能的神？你应该懂得惧怕神，向祂屈膝臣服。现在悔改为时还不晚。只要你悔改，就可免受责罚。就是走兽也没有像你这样行的。"

第3节以下"他发响声震遍天下，发电光闪到地极"，是指一道闪电刺破天幕，耀眼的光迸发，照亮四周的情形。紧接着是一声惊雷，震遍天下。"有雷声轰轰，大发威严"，是表示"轰隆隆"的雷声震响天地时，显出神极大的威严。

以利户听见雷声的时候，认为那是神发响的奇异声音。他对约伯讲，这是神行靠人的智能所无法理解的大事。

> "他对雪说，要降在地上，对大雨和暴雨也是这样说。他
> 封住各人的手，叫所造的万人都晓得他的作为。百兽进入
> 穴中，卧在洞内。暴风出于南宫，寒冷出于北方。神嘘气成
> 冰，宽阔之水也都凝结。（37章6-10节）

以利户向约伯讲述神绝对的主权，以及神的威严。

"神命雪降在地面。大雨和暴雨也听从祂的命令。祂发出雷
声，闪电雷击惩罚恶人，又随时发起洪水。遭到雷击损失家产，或
是发大水房屋坍塌，农田夷平，人是束手无策的。神的权柄如此巨
大，绝非人力所能抗拒。"

"因为神要让地球上的众生都认识祂的全知全能。神要是凭
着自己的主权击打人，谁能幸免呢？如今神把你击垮，你有什么可
抱怨的呢？"

以利户认为，当人犯罪的时候神就用闪电、大雪和暴雨等自然
现象加以管教。然而，神并不是这样，神是慈爱的神，祂愿赐给我
们上好的祝福。以利户自述神绝对的主权，同时训斥约伯怎能抗拒
这般威严的神。

我们不能像以利户那样误解神。他所说的那些现象，都是照
神起初所设定的规律所产生的，并非神攻击人类的手段。

兽类赖以生存的"智慧"，也是出于神所赋予的本能。青蛙或

蛇在入冬前钻入泥土或地洞冬眠，开春时复苏，恢复往日的生机。气候渐凉，候鸟迁徙到南方越冬，待到春暖花开重归故里。蚂蚁凭着孜孜不倦的勤奋，在夏天预备粮食，无忧无虑活过寒冬。

第9节说"暴风出于南宫"。一般而言，暖风来自南方，寒风来自北方。"暴风"泛指猛烈而急速的风。以利户所谓"暴风出于南宫"之意为：风从南方刮起，逐渐席卷整个地面。是将夏季台风始于南方，在向北转移的过程中逐渐减弱以至消失等种种现象归纳为这样一个形容。

第9节以下提到"寒冷出于北方。神嘘气成冰，宽阔之水也都凝结"。

那么，以利户为何反复讲述这类话题呢？以利户此时心情十分烦躁。因为他的话，约伯不屑听，也不肯悔改，反而更显自义不凡。他以为约伯不理解他说的意思，便重复地讲述这一比喻，试图打开约伯的心窍。

> 他使密云盛满水气，布散电光之云；这云，是藉他的指引游行旋转，得以在全地面上行他一切所吩咐的。或为责罚，或为润地，或为施行慈爱。（37章11-13节）

神把水变成水蒸气，引到天上，使其变成密云。密云随风移动，按时降雨滋润地面。乘坐飞机升到云层，就可以发现水气弥漫的景象。密云中出现闪电，人就可以知道强降雨在即。

那么，神向全地面所吩咐的是什么呢？就是对人类的耕作。神先创造了包括山川草木，日月星辰在内的宇宙万物，最后创造了人，立他为万物的灵长，派他管理宇宙万物。

然而，人类的始祖亚当和夏娃因悖逆神的吩咐，偷吃了善恶树果，以致受到咒诅，被逐出伊甸园，这便成为神耕作人类的起始。

2. 嫉妒的心

第13节说："或为责罚，或为润地，或为施行慈爱。"这是什么意思呢？

一个地区若是长久不降雨露，会导致严重干旱，田间颗粒无收，人们无水可饮。若是遭到暴风骤雨，或飓风海啸，则会导致洪水泛滥，房屋被摧毁，船舶遭破坏，损失惨重。

或有时神会施恩怜恤，引来密云，降雨滋润土地，使农作物恢复生机。

以利户的意思是：神怎样利用密云惩罚恶人，也怎样惩罚约伯，故叫约伯默不作声。

那么，以利户为何说这些话呢？

以利户、约伯和三友之间的负面情绪已到了白热化的地步。彼此看不见对方的长处，顺着肉体的意念误解对方，把对方看成是极恶之徒，用刻毒的言辞互相指责。所以凡出于负面情绪的言语或教化方式都是邪恶的，不存在半点善意，只能给对方造成伤害。

人若不除掉负面情绪，无法领受神的智慧，也无法与神交通，而且听不到圣灵的声音，得不到圣灵的指引。唯独除掉情绪，行事为人以善为本，才能与神相交，听到圣灵的声音，得到圣灵的指引。

> "约伯啊，你要留心听，要站立思想神奇妙的作为。神如何吩咐这些，如何使云中的电光照耀，你知道吗？云彩如何浮于空中，那知识全备者奇妙的作为，你知道吗？南风使地寂静，你的衣服就如火热，你知道吗？（37章14-17节）

以利户说"你要站立思想"，是叫约伯依着他的教训对照自己进行反思。照以利户所说的，我们应当思想万物的本源。"我出生的意义是什么？在世生活的目的何在？人最终归宿为何处？"各位是否思考过这些问题呢？思考的人必然得知生命的奥秘，以致尽心竭力奔向永生。

以利户表示自己对这些已然成竹在胸，他口中所描述的神是藉着各种现象惩治人的可怕的神。

然而，神是公义、慈爱的神。这些自然现象是自然规律的产物，而非神用来责罚人类的手段。这些自然规律又是神为了耕作人类而设定的。

第17节说："南风使地寂静，你的衣服就如火热，你知道吗？"

"约伯啊，从前富足安康的时候，你想过这些福气的来源吗？你竟然把神恩忘得一干二净，如今落得一无所有，倒是开口埋怨神。"

你岂能与神同铺穹苍吗？这穹苍坚硬，如同铸成的镜子。
我们愚昧不能陈说，请你指教我们该对他说什么话。
人岂可说，我愿与他说话，岂有人自愿灭亡吗？（37章
18-20节）

"铸成的镜子"是指铜镜。有谁听过天塌下来吗？神把天造得无比坚固，甚至无人担心天会塌下来。以利户和约伯的朋友们觉得约伯十分可笑。

"约伯啊，你能像神那样铺设坚如铜镜的穹苍吗？你这微乎其微的人，怎能是神的对手？你胆大包天，竟敢向神抗辩！"

约伯富足的时候，受人尊敬和推崇，人缘极广。然而，约伯败落之后，这些人居然毫不留情地糟践约伯。约伯有钱有势的时候，他们从约伯那里得到许多好处，表达都是深情厚谊，但心中却怀藏着嫉妒。当他们见到约伯没落之时，曾经积压在心里的嫉恨，以践踏约伯人格的方式发泄出来。从历史上那些忘恩负义，卖主求荣，卖友求利的奸佞之辈，我们可以了解到人心之险恶与残忍。

第19节说："我们愚昧不能陈说，请你指教我们该对他说什么话。"

此话并非对约伯的抬举，而是讥讽。意思是：学识渊博的我，

也不敢对神议论什么，何况约伯你呢？你若对神有什么可理论的，可以讲出来给我们听听。也就是说，你根本不是神的对手，你还是闭口安静为好。这是对约伯的鄙视，会使约伯彻底闭口无言。

约伯觉得无语，知道再争下去也是枉费口舌，于是第37章进入尾声的时候，约伯彻底沉默。当约伯保持沉默，一言不发的时候，在第38章里，创造主神向他显现。

3. 以残存的同情心试图培植盼望

第20节说："人岂可说，我愿与他说话，岂有人自愿灭亡吗？"以利户一反以往尖酸的讥讽，开始以劝慰的口气对约伯说话。这里以利户人情的一面呈现出来。

按真理看，以利户是恶人，但从属肉的层面看，他有人情和爱心。但这种人情和爱心是属肉体的，毫无价值的，是应当摒弃的。

加拉太书5章里，神吩咐我们属耶稣基督的人应当把情欲的事，即行为上呈现的一切罪和肉体的邪情私欲同钉在十字架上，结出圣灵的九种果子来。人情，即肉体的情是无益的。这情，对己有益就喜欢，对己有损就翻脸，故称邪情。我们应当把这种邪情和私欲全都钉在十字架上，将属灵的爱存在心里，以致能够按着真理为别人牺牲自己。

"现在有云遮蔽，人不得见穹苍的光亮；但风吹过，天又发晴。金光出于北方，在神那里有可怕的威严。论到全能者，我们不能测度；他大有能力，有公平和大义，必不苦待人。所以人敬畏他；凡自以为心中有智慧的人，他都不顾念。"（37章21-24节）

黑云密布的阴天见不着太阳，但风吹乌云散，天又放晴，便可得见"穹苍的光亮"。以利户说此话的动机是要给约伯培植盼望。虽然一直信口开河辩驳和斥责约伯，但在心里残存的情谊的催使下，最后在陈词收尾的当儿，试着给约伯一些勉励。

"约伯啊，看着连日乌云遮日，雷雨交加，仿佛没有尽头，心情焦急郁闷，但总有一天神会差遣大风，把乌云移去，天就放晴，得以重见阳光。只要神向你动工，你瞬间就可以复原，你不要灰心！"

这话对约伯没有任何帮助。因为他们一直用刻毒的攻击，把约伯在绝境中仅存的奢望彻底泯灭掉。事已至此，给约伯栽植希望的企图，还能有何果效呢？靠几句安慰的话怎能去弥补对他所造成的极大伤害！约伯已是心灰意冷，彻底绝望。

第22节说："金光出于北方，在神那里有可怕的威严。"这是什么意思呢？

提到北极，让人联想到阴沉荒凉，天寒地冻的景象。但神的永能和神性是无处不在的。北极也有阳光的照射。在阳光照射下，银装素裹的大地洁白晶莹，银光璀璨。

这银光璀璨的情形若用更美的词来形容便是金光闪耀。金光意味着神的光。黄金是一种贵金属，具有不变的属性。冰雪覆盖的荒凉之地，也有神的光普照，神的光无处不在，无所不及。

以利户试图借以给约伯栽植盼望。以利户的意思是：神有可怕的威严，别再向神抗辩；现在悔改也不迟，只要屈膝向神认罪，神必使你恢复从前的繁荣。以利户试着给约伯培植希望。

第23节说："论到全能者，我们不能测度；他大有能力，有公平和大义，必不苦待人。"

当然，我们不能测度全能者。以利户表示：神有公平和大义，必不屈枉正直，苦待人。从字面上看，此话没错，但与约伯没有关涉。因为如今约伯遭受的苦难，并非因曾活在罪孽中所致。

论神的公义和慈爱的关系，慈爱在公义以先。神有公义，有罪必报，但当人悔改归正的时候，神就重新施予怜恤，赦免其罪。

第24节说："所以人敬畏他。凡自以为心中有智慧的人，他都不顾念。"

那么以利户为何这样说呢？

当今世界，罪恶满盈，用嘴唇称呼主名、尊敬神的多，真正从心里敬畏神的却是寥寥无几。耶稣曾说："人子来的时候，遇得见世上有信德吗？"

以利户之所以如此说，是因为约伯在受试炼之前是个敬畏神、满有智慧的人，可如今他却受到了神的责罚。以利户将此原因归结为约伯恃才自傲，故称：敬畏神的人，若自以为心中有智慧，神绝不饶恕。

这是错误的说法。敬畏神的人，神不会击打，也不会弃之不顾。以利户要表达的意思是：约伯自称为义，自作聪明，神非但不以为然，还向他彻底掩面，弃之不顾，不赦其罪。以利户将此话作为他陈词的总结。

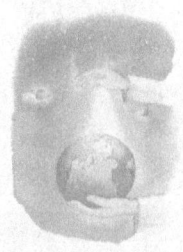

第三十八章

神以天地万物的比喻开悟约伯

"我立大地根基的时候,你在哪里呢?你若有聪明,只管说吧!你若晓得就说,是谁定地的尺度?是谁把准绳拉在其上?地的根基安置在何处?地的角石是谁安放的?那时,晨星一同歌唱,神的众子也都欢呼。(38章4-7节)

1. 约伯悟出提问的意义哑口无言

> 那时，耶和华从旋风中回答约伯说："谁用无知的言语使我的旨意暗昧不明？你要如勇士束腰，我问你，你可以指示我。"我立大地根基的时候，你在哪里呢？你若有聪明，只管说吧！（38章1-4节）

神在旋风中向约伯显现，是神令人恐惧战兢的至大权威的象征。此时神发起了震怒，因为约伯和其三友，以及以利户的愚昧无知导致了这场闹剧，所以神只能以威严可畏的样式向他们显现。

那么，神为何称他们为无知呢？尽管约伯和他的朋友们是见多识广，为人师尊者，神仍要称他们为无知。

"谁用无知的言语使我的旨意暗昧不明？你们指是为非，指非为是，彼此用错谬的道理指教别人，争辩是非。"

神对约伯说："你要如勇士束腰，我问你，你可以指示我。""束腰"是叫约伯收束心神，洗耳恭听，郑重回答神的提问。由于神第一言就呵斥道："谁用无知的言语使我的旨意暗昧不明？"约伯不禁胆战心惊，四肢打颤。

第4节里，神开始提问道："我立大地根基的时候，你在哪里呢？"根基是指事物赖以建立的基础。神立大地根基的时候，无人看见，也无人知道立在何处。

奠定坚实的基础是建筑工程之关键。神创造大地的时候，也立定了根基。这一根基造就了地球的自转和公转运动，并营造出适合耕作人类的环境。

说到这里大家或许开始思考大地的根基会在哪里？——是在地的核心，还是在南极，或是在北极？然而，无论科学怎样发达，人类也无从知道神将大地的根基安置在何处。这唯有神知道，我们到了天国就可以晓得其奥秘。

这里"立大地的根基"是指创世记1章的创世的内容。神出于耕作人类的目的创造了大地，又创造了太阳、月亮、星宿等天体，最后创造了人。

"我立大地根基的时候，你在哪里呢？大地的根基，立在何处？"

约伯是智慧人，他立刻醒悟神为何对他提出这些问题，便哑然无语。

这一问题，无人可以答得上来。人在地上炫耀自己的博学与睿智，都是虚空无益的。因为人不能靠此拯救自己，也不能凭此获得天国的奖赏。凡不得神称许的事，我们都当归为乌有，唯有将神的道存在心里，谨守遵行，这样最终就能以主耶稣基督的心为心。

"人不可自欺。你们中间若有人在这世界自以为有智慧，倒不如变作愚拙，好成为有智慧的。因这世界的智慧，在神看是愚拙。如经上记着说：'主叫有智慧的，中了自己的诡计。'又说：'主知道智慧人的意念是虚妄的。'所以无论谁，都不可拿人夸口，因为万有全是你们的。"（哥林多前书3章18-21节）

这世上的智慧不过是人类生存所需的手段而已。人再怎么睿智，在他日光之下的一切劳碌，尽是虚空的虚空，因为人不能靠着得救恩获永生。

但领受属天的智慧的人，无论做什么，都为荣耀神而行，遵行主道，模成主的形像，积攒天国的奖赏，活出辉煌的有价值的人生。

神的儿女若以信实为本，虔诚信神，凡神的都是他们的，因而世上万物也都是他们的。

不信神的人，他们所拥有的仅限于在世所赚得的份儿。因尚未委身作神的儿女，仅仅在地上生息之时拥有财物、健康和名誉，但何时会遭厄运无人知晓。就算安度一生，在他们辞世的时候，却一个也带不走。

正由于如此，神吩咐我们不可为世界上的事夸口。若要夸口，当指着主夸口。我们当夸口的是：因信耶稣基督获得神儿女的身份，成为天上的国民；得知真道，走上永生的道路等。

你若晓得就说，是谁定地的尺度？是谁把准绳拉在其上？地的根基安置在何处？地的角石是谁安放的？（38章5-6节）

神质问道：你若知道就回答，创造天地时，是谁定地的尺度？是谁安放的准绳？当然，约伯无从知道。

"尺度"是指计量长度的定制；有时也用来表示处事或看待事

物的标准。

"准绳"是指测定物体平直的器具，包括用以校正曲直的线绳，或测量地面点间高差的水准仪等；有时也引申为标准、准则等。

"是谁定地的尺度？"——这里"尺度"指的是某种标准。神针对人的品质和气量，也设定了衡量标准。心的大小因人而异。心胸狭隘的人，没有容人之雅量。自作聪明，自高自大。因气量狭小，轻易生气动怒，性情乖戾偏激。

回顾约伯和朋友之间的辩词，其中有许多极端的言辞。约伯因遭遇不堪忍受的试炼，口中宣泄许多过激的怨言。

诸如："我为何不出母胎而死？""为何有膝接收我？为何有奶哺养我？"——埋怨父母，表示自己不生在世上倒好。

约伯因身患严重毒疮，失去了感恩的心，开口宣泄怨言。这些话令神忧伤，又令朋友们愤慨，使他们自下定论：约伯口出恶言，受责罚是罪有应得。就像人类自立法度，约伯和其朋友们也自定尺度，用来衡量审判别人。

约伯也自定品德的尺度，用来衡量自己，而且自下结论——我是义人。过了时日，甚至宣称：我的公义胜于神的公义。论范围也是如此。约伯和朋友们自坐神位，自定范围，以为衡量标准。他们一直肆意判断别人，仿佛自己是审判长，可以左右别人死活，任性妄为，愿意祝福谁就祝福谁，愿意咒诅谁就咒诅谁。

神质问约伯知否神创世的手段，约伯一无所知。那么，神的这一提问中包含着什么意义呢？

"约伯啊，你既然对我创世的构思和工序一无所知，怎能自以为晓得我的心意，自立法规用以判断别人呢？"

人类有自立的法律法规、道德规范和行为准则。但人是有限的，人无法测度神的心怀意旨。既然连显而易见的世界都测不透，又怎么能测透那看不见之神的心怀和旨意呢？约伯自以为比神公义，对人论断、定罪，其程度逐渐加深，甚至膨胀过度，竟然开始对神论断和定罪，称神为不义的神。

第5节说："是谁把准绳拉在其上。"这里"准绳"是指所定的界限。也表示事物的分类定位，如圆型、三角型；黄色、绿色等等。而且相当于衡量物件价值砝码的概念。

人们顺着律法的准绳，给行淫时被拿的妇女定罪，或给犯罪的人量刑。但律法的核心精神并非"砝码"和"准绳"，乃是宽恕、怜悯与慈爱。

假如一个偷盗的人彻底悔改，变成安分守己的人，神必饶恕那人。当然，世上的法律是没有饶恕的，人即使已改过自新，一旦落入法网，必须承受与过去罪行相应的制裁。神饶恕人的过犯，是有范围的，就是只有悔改归正的人才能得到饶恕。但这样的尺度，我们不能擅自设定。我们若对人论断或定罪，便是自定尺度和准绳。

第6节说："地的根基安置在何处？地的角石是谁安放的？"

"根基"是指物质赖以建立的基础，或事物的主体部分。建造房屋必先奠定根基，同样，神建立地球的时候也奠定了根基。但是

神以天地万物的比喻开悟约伯

无论科学怎样发达，也无从晓得地球的根基立在哪里。

神为了立定地球的根基，设置了太阳系。但很难说太阳系为稳定地球根基的唯一因素。在浩瀚的宇宙中，存在着无数的星系，神为每一个星体设定了不同的方位和运行机制。如此博大体系中存在的根基的概念，并非我们人类所能理解的。

神提出这一质问的原因是叫约伯反思他对神进行肆意的论断、定罪和批驳，以及对朋友们抱有不满和怨恨的根据是什么。

2. 晨星和神的众子

那时，晨星一同歌唱，神的众子也都欢呼。（38章7节）

这里"晨星"指的是什么呢？

神创造地球，奠定根基的时候，晨星和神的众子一同歌唱、欢呼。地球被造之时，宇宙中已存在无数的星系。我们通常说的晨星，就是金星。这金星属于太阳系，是地球受造后第四天被造。晨星，亦即金星只有一个，但神将晨星以复数来形容（参照英文、韩文），因为这里包含着深邃的灵意。

神在创造肉眼可见的三维空间的世界之前，先创造了属灵的世界，为耕作人类的工程做好预备。在属灵的世界里，神创造了为祂服役的天使。《圣经》揭晓天使的世界，有天使、天军和天使长。

神的周围有诸多天使长为神服役，它们各自分担不同的领域，使一切按神的旨意有序运转。在神的身边，还有与这些天使长同等地位和威严的天使，它们是直属于神的天使，虽具有天使长的地位，但具有特殊的权柄。它们的功用是在三位一体神的身边服侍并取悦神。

神所造的直属于三一神的这三位天使长，具有无比美丽的女性容姿。路西弗就是其中之一。"路西"一词包含着光明的意义，凭称呼就可以得知其为三一神直属的天使。他们在神的身边，体贴神的心怀，与神进行心与心的交流，爱与被爱的分享。

在灵界的众灵中，神唯独给这直属于神的三位天使长赋予人性。它们虽然有别于通过耕作得到的真儿女，但因具有人性，可以与神进行爱的交流。无所不知的神，预知其中路西弗将来会成为耕作人类所必要的工具，便将人性赋予它。

路西弗经常用美妙的演奏和歌声赞美神，讨神的喜悦，故甚蒙神的喜爱。久而久之，路西弗顺着人性，亦即自由意志，心中萌生欲要高过神的骄傲念头，最终将叛逆神的阴谋付诸行动。

"明亮之星，早晨之子啊！你何竟从天坠落？你这攻败列国的，何竟被砍倒在地上？"（以赛亚书14章12节）

这里指路西弗为"早晨之子"，并不意味着路西弗为男性。早晨之子是神赋予路西弗的美称。"早晨"是复苏和希望的象征。这里"子"并非包含男性的意思，而意味着神赋予路西弗的权柄与威严之巨大堪比神的儿子。

神在早晨之子的称号上又加了"明亮之星"的称号。"明亮之星"指的是金星，是黎明夜空中最亮的一颗星星。

"我耶稣差遣我的使者为众教会将这些事向你们证明。我是大卫的根，又是他的后裔。我是明亮的晨星。"（启示录22章16节）

那么，主为何具有与路西弗相同的称号呢？

这里除了神赋予喜爱的对象之爱称的意义以外，还包含着更为特殊的属灵意义。"晨星"本是神赋予主耶稣的称号。神将主的名铭刻在晨星，所赋予的意义是：主将来为成就耕作人类的旨意而降世为人，完成救主的使命，救赎全人类。

当然，主被授予晨星之称号的时候，地球和明亮的晨星——金星都还没有被造。全知全能的神，预知将来造就了地球和太阳系等宇宙之后，从地球上望见黎明的星空，有一颗最亮的星星，那就是金星。

神又将自己所甚爱的路西弗的名字铭刻在明亮的晨星——金星。使它得享与主一样的极大权柄与尊荣。

然而，这里所包含的更重要的灵意是：对将来要拓展的耕作人类的工程中，路西弗将充任极为重要的功用。那就是牠将来要充当邪灵的头目，成为耕作人类之工程不可或缺的因素。因为必须有与善相对的邪灵的世界，才能在公义当中成就耕作人类的旨意。然而路西弗的反叛并不在乎神预定的安排。

就这样，"明亮之星"这一称号中包含着神对路西弗的奇异大爱，以及路西弗的反叛、路西弗在耕作人类工程中所要充任的作用等各种意义。就是除了具有蒙神至爱的意义以外，还包含着其具有关乎耕作人类的重要功用之深奥意义。

但约伯记38章7节所提及的"晨星"，是指除路西弗以外的两位天使长。他们身负伺奉三一神的使命，他们所具有的"晨星"的美称中包含着"蒙神厚爱者"的特殊意义，相当于神在祂特殊旨意中为自己甚爱的人所赋予的勋章。晨星本是三位天使长共受的荣誉，但唯独路西弗因叛逆的结果，被关押在无底坑中。

因此，当神创造地球的时候，在旁观看着神奇妙的创世之工，一同歌唱的自然是这两位天使长。当经历路西弗的反叛，心情极为悲伤的神，为了成就旨在获得真儿女的耕作人类的旨意，精心打造地球的时候，两位天使长以美妙的旋律和歌声赞美神的全能与伟大。经上所记述的就是这一场面。

那么，"神的众子也都欢呼"是什么意思呢？

表示在创世的过程中，主和圣灵在感慨与欣喜中欢呼。对天使或其他众灵，神并不称之为儿子（希伯来书1章5节）。"神的众子"是指神的独生子耶稣基督和圣灵。

从太初独居宇宙的神分离出来的圣子和圣灵，都属于神儿子的位格（加拉太书4章6节），故称"神的众子"。当神展开创世之工的时候，三位一体的神一同欢呼，分享创世的喜乐与感动。

3. 神怀中的地球

> "海水冲出，如出胎胞。那时谁将它关闭呢？是我用云彩当海的衣服，用幽暗当包裹它的布，为它定界限，又安门和闩，说：'你只可到这里，不可越过；你狂傲的浪要到此止住。'（38章8-11节）

"海水冲出，如出胎胞"是在讲述水的源头。这里"胎胞"是指妇女胞宫连同脐带与胎盘。脐带是指连接胚胎与胎盘的带状物，是胎儿从母体中吸取养料和排出废料的通道。

我们赖以生存的这个空间，囊括在神博大的心宇中。这个空间可以比作母亲的胞胎，如同胎儿在胞宫内受母体的滋养，地球也在神的怀中得以滋养生息。

要使汽车或飞机启动马达正常运作，必须要加燃料。水源，也是使地球发挥正常功用的不可或缺的元素。水滋养万物，是生命的原动力。人体细胞、血脉，以及五脏六腑等一切器官，均靠水的滋养来维持生命活动。人体的70%是由水构成的。

就像胎儿通过脐带吸收养分维持生命，地球也是通过水源的滋养保持生机。滋养地球的水源，如同胎儿赖以吸收养分的脐带。神设胎胞的比喻，就是为了揭晓这种意义。

神在地球地层下安置了纵横交错的水脉；地挖深了，就有地下水涌出。

除了神怀中的这个空间的天以外，还有诸多的天，《圣经》多处提到"天和天上的天"。使徒保罗讲述他曾被提到第三层天的经历。诸天之间有相通的隧道和门。

创世记7章11节-12节记载："当挪亚六百岁，二月十七日那一天，大渊的泉源都裂开了，天上的窗户也敞开了。四十昼夜降大雨在地上。"神用洪水灭世的时候，因靠这地的水无法覆没整个地球，便敞开天窗，使灵界之天上的水倾泻到这个地面。

"海水冲出，如出胎胞"，胎儿出胎胞时恶露一同排泄出来。神质问："海水冲出，如出胎胞。那时谁将它关闭呢？"是神将它关闭。

第9节说："是我用云彩当海的衣服，用幽暗当包裹它的布"，这里"用云彩当海的衣服"是表示伴偶关系。

例如：衣服是人身体的伴偶，为身体遮羞。伴偶有相关的也有相反的，如天国和地狱、白昼与黑夜等。悖逆神命的扫罗王或卖主求荣的加略人犹大，他们的伴偶是魔鬼、黑暗。

那么，神为何设这样的比喻呢？

大海之浩淼磅礴，令人无法测度其量和规模。"用云彩当海的衣服，用幽暗当包裹它的布"，表示世间万物皆有伴偶相生相克。

意思是：神的旨意包罗万象，祂奇妙的手段驾驭万务，你晓得其中奥秘吗？当然，约伯一窍不通，无言以答。

第10节说"为它定界限，又安门和闩"。"界限"是指地界、或某种原则和限制。

有门就有闩。闩表示神的约定。《圣经》记载着神的约言。人遭受试探，经历患难，尽与神所定的原则有着密切的关系。针对我们人生，神有所定的旨意，并有所设的"界限"，亦即原则。

在《圣经》中记载着神所定的原则。虽有神信实不变的应许，人若不遵循其原则，就无法使问题获解。

挪亚时代，神用洪水灭世，审判众生之后，向人类立约：凡有血肉的，不再被洪水灭绝。这也是神所定的界限。神为万务定了界限，又安门和闩，当我们叩门、祈求，神就给我们开门、应允我们所求，使我们在神里面，获得一切所要的。

大海也有界限。神为大海限制水位，使其不能漫过所定的界限。海水涨潮落潮，以及翻腾起伏的现象，是由月亮对地球的巨大引力造成的。故月亮也是必要的存在，神将其安置于最合适的方位，为它"定了界限，又安门和闩"。

神是要借以提醒约伯，神既然为大海定了界限，对祂照自己形像所造的人类，怎能不设定生死祸福的法则。就是表明人类的生死祸福也在神的掌控之中。约伯受这样的试炼，也是有原因的。神是要提醒约伯凡事无不与神所定的法则相关。

对一直以来悔叹自己不生在世上倒好，且将一切原因全归罪于神的约伯而言，这一提问实在令他感到无比惭愧。

4. 神指点约伯的恶

第11节里,神说:"你狂傲的浪要到此止住。"暴风海啸掀起巨浪,顷刻将田地、房屋夷为平地,造成极大的伤亡损失。

约伯知道"狂傲的浪"是神指着他说的。神用这一比喻点醒约伯,要破碎他的骄傲。

"约伯,你应当醒悟自己的骄傲。你就像肆无忌惮的'狂傲的浪',唯我独尊,目空一切,藐视朋友,轻慢神。"

"你自生以来,曾命定晨光,使清晨的日光知道本位,叫这光普照地的四极,将恶人从其中驱逐出来吗?(38章12-13节)

约伯一直按自己的想法,断定神将他推进这般境地,便开口埋怨神。他坚称自己无辜,是朋友们有错,神做得不对。

"消灭黑暗的晨光是你命定的吗?叫这光普照至地极,驱逐恶人是你的手段吗?这些都不是你力所能及的事。你其间所断言的,若是真理,朋友们岂不认同,岂不悔过自新呢?这岂不是你错谬的明证呢?"

因这光地面改变如泥上印印,万物出现如衣服一样。亮光不照恶人,强横的膀臂也必折断。"你曾进到海源,或在深渊的隐密处行走吗？死亡的门曾向你显露吗？死荫的门你曾见过吗？地的广大你能明透吗？你若全知道，只管说吧！（38章14-18节）

这里"地面改变如泥上印印"是什么意思呢？

地本身是不会发出任何功效的。地必须与水混合成泥，才能造出各种形像。神造人也是用泥土造的。

神用话语创造了天地万物（希伯来书11章3节），并使光明发现照耀，万物便尽显无遗。

恶人喜欢黑夜，在暗昧中生活。光就是善，善就是神的道。凡违背真理，违背律法的事都属于黑暗。故称"亮光不照恶人，强横的膀臂也必折断"。

意思是：当神的道——真理之光照耀，你们的罪孽必然暴露无遗，约伯你也不例外。

第16节里，神向约伯提问："你曾进到海源，或在深渊的隐密处行走吗？"

从古至今无有一人进到大海的渊源。人顶多可以潜水到几十米，万米海渊谁能探得到呢？约伯别说是深渊，连浅滩水面都未曾行走过。

眼观大海而测不透其水深，也未曾在其深渊行走过，却对朋友傲然不屑，甚至向神诘问咎责，似乎自己通晓天理，参透生死祸福的法则——约伯幡然醒悟，羞于仰面。

第17节里，神继续提问"死亡的门曾向你显露吗？死荫的门你曾见过吗？"约伯屡次向神宣泄极端措辞，求神早点结束他的性命。还说自己毫无复苏的希望；因不堪忍受的痛苦，宣泄怨言和咒诅。无论在何种情况下我们都不能说否定的话。否定的言语会成为自己的网罗，成为撒但指控的把柄。

"地的广大"约伯岂能测透！科学尚未发达的古代，人无从测量大地的面积。此话所包含的意思是：约伯你连地的广大都无从测透，怎能明透创造天下万物的神博大的心怀和意旨！

"光明的居所从何而至？黑暗的本位在于何处？你能带到本境，能看明其室之路吗？你总知道，因为你早已生在世上，你日子的数目也多。"你曾进入雪库，或见过雹仓吗？这雪雹乃是我为降灾，并打仗和争战的日子所预备的。（38章19-23节）

神提这些问题，旨在启悟约伯，因为约伯一直讲述眼看不见之灵界生死祸福的原则。

约伯虽然无法测度自己脚下的地土之广阔，也不知光明的居所在何处、黑暗的处所在何方，更不晓得获知其奥秘的路径，倒像参透了眼看不见的属灵世界和生死祸福的规律，信口妄论。

如今也有许多人谈论生死祸福。有的人仿佛明透灵界，宣称：人死了一了百了。在本文中，神所要表达的意义是：连显而易见的光明的居所和黑暗的处所都分不清，怎能谈论看不见的死荫之路和生死祸福之律。

第21节说："你总知道，因为你早已生在世上，你日子的数目也多。"意思是："约伯啊，你应该知道这些奥秘，因为你在我立大地根基，创造太阳月亮和繁星的时候出生，你日子的数目极多。"

约伯若是在神创造天地的时候降生，已是亿万高龄了。"你总知道"并非指约伯懂得答案，而是强调约伯所言不合理，使他醒悟自己的过错。当神说"你日子的数目多"的时候，约伯会是怎样的感受呢？

约伯并非从亘古常存，人一生的寿数顶多百岁。然而约伯却在神面前自命不凡，好像通晓万务。约伯一直以为自己见多识广，但听了神的这话之后，彻底醒悟自己的渺小。

有谁曾进入雪库，或见过雹仓吗？但这并不是说天上真有雪库或雹仓。

此话所包含的意义是："你知道雪和冰雹的来源吗？非亲眼所见、亲耳所闻、未然确定的事，人不能信口说。"

第23节说："这雪雹乃是我为降灾，并打仗和争战的日子所预备的。"其中寓意是什么呢？

就是该责罚人的时候，神必责罚，就如挪亚时代洪水灭世、出埃及时代雹灾夷平埃及全地等。神提到"雪库"、"雹仓"意味着储备雪和雹，其蕴义是：神责罚和降灾是有原则的，在点醒约伯所遭受的艰苦试炼，也是出于神的旨意。

光亮从何路分开？东风从何路分散遍地？"谁为雨水分道？谁为雷电开路？使雨降在无人之地，无人居住的旷野？使荒废凄凉之地得以丰足，青草得以发生？雨有父吗？露水珠是谁生的呢？冰出于谁的胎？天上的霜是谁生的呢？诸水坚硬（或作"隐藏"）如石头，深渊之面凝结成冰。(38章24-30节)

面对神的提问，约伯一句话也答不上来。天气由晴转阴，人们就猜测会有雨；依着风云变化，揣摩未来气象，但不一定正确。科学发达的如今，天气预报也常出错。

正如神所言，人无从晓得"光亮从何路分开"，"东风从何路分散遍地"。那路，只有神知道，没有神的启示，无人知晓。

第25节里，神问约伯说："谁为雨水分道？谁为雷电开路？"借此约伯认识到自己能力的虚无，神的权柄之浩大，并醒悟到一切都掌控在创造主神的手中。

神为雨水分道，照样为人类开启活路。我们赖以呼吸的空气、赖以生息的阳光和雨水，是谁造的呢？就是这位独一的真神上帝所造的。

神愿意将自己的儿女引入祝福之路，这是神的旨意。神时常给人指引那条路，人却不肯依从，偏行己路。

人从小读书用功，孜孜不倦，学业有成，最终功成名就，并非一个人的功劳，乃是与恩师的教导和父母的支持密不可分。这样，凡事都有相对性，我们应当时常思考这一点，过感恩的信仰生活。

第26节说："使雨降在无人之地，无人居住的旷野，使荒废凄凉之地得以丰足，青草得以发生。"

神说此话的目的是要叫约伯醒悟先有山川草木，后有人类的道理。

神为了耕作人类，创造了天地万有，故山川草木是为人类而存在，山川草木也是因着人类而存在，是互相赖以生存的关系。就是习焉不察的空气，人也应当记念它的宝贵，便可知道自己在神面前实在是无所矜夸。

约伯一直认为自己最了不起，但现在觉察到自己一无所知，原来世间万物，就连一个微物纤尘也包含在神的旨意当中，而且在人受造以先它们就已存在，它们存在的原因就是为了人类。

正如第28节以下所质问的：雨怎会有父，露水珠岂是为谁所生；水结成冰，冰化成水，冰怎能出于胎，天上的霜也怎能生于谁。

天降雨露；下霜、结冰等现象并非单纯是自然的产物，而是神按照万物赖以生存的需求所造成的。神在用比喻来说明这个道理。

约伯听着这些比喻，彻底省悟自己信口雌黄埋怨神是何等愚昧之举，同时认识到一切尽在神的美意中成就。

在此，慈爱的神一面安慰约伯，一面解释神的能力与旨意。当孩子受到警戒和责备之后若有反省和悔过的表现，作父母的就会立刻施以宽慰加以疏解。

管教之前一定要先细细说明，使之充分认识到错因，不能带着负面情绪加以责打。带着怒气责打孩子，会使孩子产生逆反心理，到时心里的纠结很难理清。这种爱不是真爱，而是属肉的爱。

第30节说："诸水坚硬（或作"隐藏"）如石头，深渊之面凝结成冰。"气温降到零下，水开始结冰，坚如石头。到北极或南极可以看到冰块堆积的海面或巨型冰山的罕见景致。

你能系住昴星的结吗？能解开参星的带吗？你能按时领出十二宫吗？能引导北斗和随它的众星吗（"星"原文作"子"）？你知道天的定例吗？能使地归在天的权下吗？你能向云彩扬起声来，使倾盆的雨遮盖你吗？"你能发出闪电，叫它行去，使它对你说，'我们在这里'？"（38章31-35节）

昴星是指自秋至冬出现在南边天际的一个大而明亮的疏散星团，位于金牛座。昴星肉眼通常见到有六颗亮星，波斯人将此比作"珍珠项链"，成员星数约500个，故称"昴星的结"。

论到"参星"，冬季的东南天际可以望见猎户星座，而这猎户座所在区域，正好涵盖了参星，亦即参宿三星。这三颗大星排成一列，镶嵌在猎户星座的中央。

"约伯啊，这些星团你能任意摆布如棋子吗？"

神之所以如此说，是因为约伯一直滔滔不绝地讲述自以为是的观点。穹苍的星座，人无从移改；至圣神的旨意，人不能违抗。然而约伯居然自以为义，甚至宣称神没有他公义。神就是用这种有趣生动的比喻来开约伯的心窍。

第32节提到"十二宫"，是指按时在夜空中呈现的最醒目的十二星座。地球平年365天围绕太阳公转一周，自转365周，这一公转和自转运动造就了四季轮流，斗转星移的现象。神问约伯能不能让十二星座按时出现显亮在夜空。

完美的宇宙天体系统，乃是神的手段，并非出于偶然与巧合；神铺设宇宙空间的时候，合理安排日月星辰的方位，各就其位，恰到好处。

无论科学怎样发达，人无从知道神造十二星座的动机。约伯无从摆布这些星座，就算他可以，也必毁掉整个宇宙。

通过神的这般开导，约伯醒悟到自己为何受这样大的试炼。神的话题上升到宇宙星系的高度，约伯被神至大的权柄所震慑，战战兢兢。逐渐省悟到自己在神面前犯了何等大的罪。

一直以来，约伯似乎通晓"天的定例"，亦即神的法度侃侃而谈，然而现在面对神的提问，他却一句话也答不上来。这才醒悟到自己对神的法度一窍不通，竟然自居于高过神的位置上。自己对神奇妙的手段，问之一无可答，何况神广博无穷的心怀意旨呢！约伯这下明白了很多，察觉到自己的极限。

论到34节的内容，倾盆大雨通常伴随大风和雷电，神质问约伯说：你能降下倾盆的大雨吗？当然不能。神设这一比喻是要向约伯开示，因为约伯一度叫嚣要知道神的居所在哪里。

"约伯啊，你能发出闪电，叫它行去，使它对你说，'我们在这里'吗？"

约伯当然做不到，这是唯独神能做的事。闪电也有通道，闪电显现时放电的路径也是神所设定的。

谁将智慧放在怀中？谁将聪明赐于心内？谁能用智慧数算云彩呢？尘土聚集成团，土块紧紧结连。那时，谁能倾倒天上的瓶呢？（38章36-38节）

神儿女的智慧和聪明是神所赐的。这智慧不是指这世界上注定朽坏的智慧。神所赐的智慧就是永恒的生命。

约伯终于明白神是万物的本源，我们生命之本——生命的种，以及思考力的根源——魂也是神所赐的。

第37节里，神问谁能用智慧数算云彩。这不是靠尖端科学、靠人的智慧所能办得到的。更何况浩淼银河的谜底、无穷神国的奥秘谁能明透呢？然而，神凭着自己大能是无所不至，无所不知。

"那时，谁能倾倒天上的瓶呢？"这里"瓶"与第22节的雪库雹仓一样，代表神的府库，就是储藏神一切恩赐的府库，囊括神所指定的一切道路取向，以及生产规律，关乎第四维度空间的世界。

神倾倒天上的瓶，降下透雨，使尘土聚集成团，土块结连成平地，地面上便得以展现出一派生机盎然的景象；数以百万计的生物品系，在自然的神奇造化中繁衍生息。

约伯听着这样的说明，明白了自己受试炼乃是因着神的旨意。并且领悟：神既然对我有这等美意，也必彻底医治我的病体。

> "母狮子在洞中蹲伏，少壮狮子在隐密处埋伏，你能为它们抓取食物，使它们饱足吗？乌鸦之雏，因无食物飞来飞去，哀告神；那时，谁为它预备食物呢？"（38章39-41节）

人根本没有必要给野狮子投喂食物。"母狮子在洞中蹲伏，少壮狮子子隐秘处埋伏"，是指狮子为了充饥，等待捕猎时机。一旦猎物出现，就猛力追击，捕杀为食。

约伯若要投食向这些饥饿的狮子，喂养它们，自己反要成为狮子的美餐。意即神允准约伯承受熬炼自有原因，只要默然忍受，就可以使神的美意成就在自己的身上，领受神所预备的祝福。

神借以表示，神要把约伯引向东边，约伯却执意往西奔，等于自投狮群，葬身狮口。

"约伯，我之所以允许你经受这场试炼，是为了造就你成为完全的义人，你却昏聩不明，恣意妄行，自讨苦吃。"

第41节里，神表示唯独祂能在乌鸦之雏因饥饿而哀鸣时为它预备食物，而约伯却是办不到。小到肉眼看不到的微生物，大到百兽之王狮子等巨型哺乳动物，尽在神所设置安排的生态系统中繁衍生息。约伯只能承认这一切唯独出于神的手段。

神开示约伯，用乌鸦之雏的比喻，而没有明说，是为了使约伯彻底醒悟自己的愚昧、悖逆，以及罪过。使他明白人做事的果效并非因着人自身的能力，而是由于神大能的手段。

第三十九章
自由与放纵

"山岩间的野山羊几时生产，你知道吗？母鹿下犊之期，你能察定吗？它们怀胎的月数，你能数算吗？它们几时生产，你能晓得吗？它们屈身将子生下，就除掉疼痛。这子渐渐肥壮，在荒野长大，去而不回。（39章1-4节）

1. 神使约伯醒悟父母之爱

"山岩间的野山羊几时生产，你知道吗？母鹿下犊之期，你能察定吗？它们怀胎的月数，你能数算吗？它们几时生产，你能晓得吗？它们屈身将子生下，就除掉疼痛。这子渐渐肥壮，在荒野长大，去而不回。（39章1-4节）

野山羊通常栖息在多岩石的山区或荒野，因其性情刚烈，人很难接近它。约伯那个时代，无人知晓野山羊的产期。

神在本文中提问野山羊和母鹿下崽周期。神就是通过走兽的比喻，讲述父母之爱。

神讲述走兽屈身产子的苦楚，使约伯感念父母为他所付出的生产之苦，进而感悟为所爱的人类付出生产之苦的神恩慈的心怀。

约伯未曾认识到父母之爱。当试炼临身时，他开始埋怨生身父母，甚至咒诅自己的生日（3章1节）。当儿女对着生养自己的父母说："我厌恶我的生命，不生在世上倒好……"作父母的该是多么伤痛呢！

第4节说："这子渐渐肥壮，在荒野长大，去而不回。"大多数兽类都是如此，长到一定程度会离开父母，各行其路，另辟领地。

在神看来，不认识神的人无异于兽类。因为他们不认识生自己的神，就肆无忌惮地作恶，随心所欲地度日，行同兽类。甚至还有很多禽兽不如的人。然而，人若认识自己生命的源头——创造主神，必然遵照神的法度力行善义，便可作神的儿女，与兽类显然有别。

　　牲畜若没有缰绳的牵制，就会四处游散。要想驯养牛，须戴上辔头；引人走永生之路，也须戴上真理的辔头。神爱我们，故以真理的辔头牵制我们，因为祂把我们视为爱子，所以当我们犯罪时，祂就对我们施以责备或管教（希伯来书12章6节）。

2. 何为真正的自由

　　"谁放野驴出去自由？谁解开快驴的绳索？我使旷野作它的住处，使咸地当它的居所。它嗤笑城内的喧嚷，不听赶牲口的喝声。遍山是它的草场，它寻找各样青绿之物。

　　（39章5-8节）

　　野兽生长到一定程度，具备了独立捕食能力，就离开母怀，自由寻生。兽类也是在神的掌控当中，神赐予它们自由。

　　那么，神说此话的心意是什么呢？神要借以使约伯明白这样一个道理，就是神赋予人类自由意志，但真正的自由，只有在真理里面才能得享；牲畜离了主人的怀抱，是不会有安全保障的。

　　第7节里说"它嗤笑城内的喧嚷"。对野驴而言，再美的歌声也是一种喧嚷，因为不明其意，无有所感。

神说此言是要叫约伯认识到自己像头野驴，不听忠告，一意孤行；朋友们前来慰问约伯，所说的劝言中也有一些良言，但约伯如同野驴"嗤笑城内的喧嚷"，对朋友之言一概嗤之以鼻。

我们若不明白神的旨意，固执己见，一意孤行，便跟野驴并无两样。

第8节说："不听赶牲口的喝声。遍山是它的草场，它寻找各样青绿之物。"表示约伯只求自己的益处。借以点醒约伯不屑朋友之言，刚愎自用，只求己利，偏行己路。

"野牛岂肯服侍你？岂肯住在你的槽旁？你岂能用套绳将野牛笼在犁沟之间？它岂肯随你耙山谷之地？岂可因它的力大就倚靠它？岂可把你的工交给它作吗？岂可信靠它把你的粮食运到家，又收聚你禾场上的谷吗？（39章9-12节）

野牛不肯被人驯服，不会甘心被人圈养。若要驯服它必须采取强制手段：把环子穿在它的鼻子上，把辔头套在它的嘴巴上，用缰绳来牵制它。

约伯一直以来我行我素，不受辔头的制约，没有住在神的槽旁。约伯未曾在神里面接受真理的牵引，就像野驴和野牛恣行无忌，于是神以这种比喻向他开示。

若不归顺真理，被真理驯服，我们依然会刚愎自用，恣意妄为，便与没有理性的野牛或其它野兽并无区别，且由此设置了许多罪墙。

野牛不像家养的牲口，可以用来耙土犁田。人以牛拉梨耕地，是要丰收谷物。

神要给约伯套上轭，牵引他犁田耕地，他却不肯依随，反而愤愤不平，宣泄怨言，从而无法得到神所预备的祝福，也无法得享丰裕的人生。当约伯听到此话时，极其震惊，随即幡然醒悟，只好向神屈膝而跪。

第11节的意思是：野牛力大，对人也没有助益，不能靠它把粮食运到家，又收聚禾场上的谷。

人即使学识渊博，满腹经纶，神也不会将圣工托付于他。因为属肉的人，总是受肉体意念的支配，故神叫他往东走，他偏向西行。

第12节里"岂可信靠它把你的粮食运到家"所包含的意义是：若是给你拯救灵魂的使命，等于吩咐瞎子领瞎子，导致二人一同走向死路。

人若不打破肉体的意念，依然以自己的想法、观念、经验为至上；照旧将骄傲、贪婪、情绪等罪性存在心里，神就无法将圣工托付与他，就算托付，也是无法胜任。

总意就是：针对像野牛一样倔强，不甘心顺从神的人，神无法将任何一个圣工给他交托。此时约伯已领会了神说此话的缘由。

3. 约伯通过鸵鸟的比喻认识到自己如同瘪谷

鸵鸟的翅膀欢然搧展，岂是显慈爱的翎毛和羽毛吗？因它把蛋留在地上，在尘土中使得温暖，却想不到被脚踹碎，或被野兽践踏。它忍心待雏，似乎不是自己的，虽然徒受劳苦，也不为雏惧怕。因为神使它没有智慧，也未将悟性赐给它。它几时挺身展开翅膀，就嗤笑马和骑马的人。（39章13-18节）

鸵鸟欢然搧展翅膀，炫耀自己漂亮的翎毛，但不能使别的动物获益。它可以伸着优美的长颈眺高望远，傲视群生，却从来不会关照其它动物。

约伯心里明白神为何说这样的话。约伯集学问、教养、名誉、权势、财富于一身，在快乐中度日，如同鸵鸟因有漂亮的翎毛而惬意，然而一经试炼，他却发现自己缺少超乎这一切的爱心与善德。仿佛瘪谷，外观看似正常，实际上是没有子粒的空壳。

鸵鸟栖息在沙漠荒原中，趴开沙土产卵。所产的卵借以沙土的温度孵化，极易被人或其它野兽踹碎，或被许多的天敌偷食。鸵鸟把卵产在沙坑中，不会考虑到会有这些险情。"劳苦"是指生产的苦楚。

约伯通过试炼，认清自己是何等的人。鸵鸟只知道把蛋留在地上，想不到后果如何。神使像鸵鸟一样灵里无知的约伯变得灵明，约伯多么感恩呀!

如今不知有多少人像鸵鸟一样,只顾眼前,不计长远,得过且过,虚度年华;只念今生,不思来世,浪荡度日,走向灭亡!

神说祂自己本来就没有把智慧和悟性赐给鸵鸟,借以表示神限定了其价值范围。然而对人类,神赋予了智慧和悟性,可以明白道理,人类却往往不肯顺从,恣意行事。这就是神要表达的意思。约伯通过鸵鸟的比喻领悟了相对性。

第18节里说"它几时挺身展开翅膀,就嗤笑马和骑马的人",是表示其睥睨一切的傲慢。借以点醒约伯如同鸵鸟自己不思前后,反倒嗤笑别人。

人难以料得眼前事,岂能小看其他人呢?人还有什么资格去议论、批评、判断别人呢?我们应当存心谦卑,看别人比自己强。

4. 从马的愚勇所得的教训

"马的大力是你所赐的吗?它颈项上挓挲的鬃是你给它披上的吗?是你叫它跳跃像蝗虫吗?它喷气之威使人惊惶。它在谷中刨地自喜其力;它出去迎接佩带兵器的人。它嗤笑可怕的事并不惊惶,也不因刀剑退回。箭袋和发亮的枪,并短枪,在它身上铮铮有声。它发猛烈的怒气将地吞下,一听角声就不耐站立。角每发声,它说呵哈;它从远处闻着战

气，又听见军长大发雷声和兵丁呐喊。（39章19-25节）

"鬃"是指马颈上的长毛。矫健的骏马扬蹄奔腾在原野上，显示出一股巨大的力量，气势磅礴，蔚为壮观，尤其随风飘扬的鬃毛，使马显得格外的威武俊美。神问约伯："它颈项上挓挲的鬃是你给它披上的吗？"此时，约伯悟出此言之寓意。

约伯曾经拥有学问、智慧、财富、权势和声望，这便是他的力量与威严。

"约伯，你所拥有的学问、资财、名声和权势是谁给的？"

约伯醒悟到自己曾经的富有，并非因自己有能耐，而是因神的同在和赐福。

马善于奔跑，跳跃如同蝗虫。当它喷着响鼻，昂首嘶鸣时，颇有慑人之威。约伯一直纵情奔跃如烈马，昂首挺胸，脸红脖子粗地高谈阔论。神借以使约伯认识到，那是何等羞惭之举。

神称马"跳跃像蝗虫"，"喷气之威使人惊惶"，并不是指着马的威力夸口，而是要使约伯通过这一比喻认识到自己曾经恣意妄行如烈马，为自己的富贵、名望、学问等夸口，是何等愚妄之举。

第21节以下的内容是：敌军挥舞刀剑，纵马凶猛杀来，马也不知惊惶，茫然地向前奔去，全然不知利刀会砍破自己的颈项，弓箭会射穿自己的躯体。由此可见，马也算不得有智慧。

约伯也与马并无两样：尽管濒临死亡，却仍自以为义，刚愎自用与朋友争辩到底，甚至妄称神为不义。

约伯不自量力，非但不屑朋友之言，还要反唇相讥，甚至与神顽抗到底，与那愚勇之马有何区别呢？人若缺少判断局面的能力，不具备有效应对的机智，即使拥有威势与勇力也是必败无疑的。

马对面临的灾祸茫然无知，毫无惧色地在战场上横冲直撞，神通过这一暗喻，使约伯醒悟自己如同无畏无惧地直冲乱闯于战场的马，骄狂自傲。听到此言，约伯在神面前深感惭愧，诚然忏悔过去的愚妄之举。

马勇猛地驰骋沙场，会在慌乱中被撞倒、砍杀。也会因中箭或枪刺而毙命，尸横荒野，渐渐腐烂，成为群鹰口中的食物——正如第30节所说。这是要叫约伯明白愚妄之人的结局是何等悲惨。

5. 一切尽在神的掌控之中

"鹰雀飞翔，展开翅膀一直向南，岂是藉你的智慧吗？大鹰上腾，在高处搭窝，岂是听你的吩咐吗？它住在山岩，以山峰和坚固之所为家，从那里窥看食物，眼睛远远观望。它的雏也咂血，被杀的人在哪里，它也在那里。"（39章26-30节）

神向约伯质问：鹰雀在高空翱翔，大鹰在高处搭窝，难道是约伯你的手段，是你所吩咐的吗？

"这岂不都是创造万有的神吩咐而成的吗？凭着自己的权势和能力，你能作成这些事吗？可你却胆敢向神诘问、咎责，甚至抱怨神不公义。殊不知自己犯多大的错误。"

约伯听着此言，再一次恍然大悟。原来万物尽在神的掌控之中。神一面指出约伯的错误，一面给约伯栽植盼望与梦想。

使约伯认识到自己曾经深孚众望，得居尊位，皆因神的赐福，就像鹰雀能在高空翱翔，出于神的手段一样。

"约伯啊，你现在置身于低微之处是出于何因，你已明白。只要你改换心志，悔改归正，重新诚然敬畏我，我必使你归复尊贵的地位，如同大鹰在高空自由翱翔。"

大鹰一般在悬崖峭壁上，或高山之巅搭窝。在人看来这似乎很危险，雏鸟若是从窝中坠落，无疑是要粉身碎骨。不过这在大鹰看来，则是最为稳妥之处，并不存在风险。

那么大鹰为何选择这种危险的地方搭窝呢？这并非因大鹰愚笨，乃是神吩咐它们这样做的。它们照着神所赋予的赖以生存的本能繁衍生息。那么，神为何这样吩咐大鹰呢？

大鹰体格强壮，双腿与两翼非常有力，而且视力惊人，能看清楚十几公里外的猎物。它高处搭窝，可以俯瞰远眺，将猎物的一举一动尽收眼底。还有一个好处是可以保障雏鸟的安全：由于陡峭，走兽很难靠近巢窝，即使有蛇爬上来，上空盘旋的鹰会及时发现并击退。

母鹰为了使孩子们成为狩猎能手，对其进行高强度的训练。

母鹰将雏鹰"无情"推出巢穴，在往山脚下落的过程中，受惊吓的雏鹰张开双翅拼命挣扎，但因还未具备飞行能力，直向地面坠落，雏鹰将要坠地的危险时刻，母鹰会展开双翅飞过去，及时把它接住，背在两翼之上，随后向高处上腾。经过反复的训练，雏鹰翅膀渐渐硬实，体格日趋强壮，得以像母鹰一样成为捕猎能手。

神也像鹰一样熬炼自己的儿女。因为神知道我们的软弱，容易犯罪，沾染不义，走向死亡，所以要炼净我们的信心如同精金，具备能够抵挡仇敌魔鬼诱惑的能力，得胜有余。

母鹰对雏鹰进行严酷的训练，对雏鹰而言这是生死的考验，但这就是它们得以生存的要领。这种苦练仿佛一场患难，但患难生忍耐，忍耐生老练，最终会像母鹰一样练就一身高超的本领。

我们也是神所爱的儿女，因此神使我们通过患难生出忍耐，通过忍耐胜过熬炼，获得属天的盼望（罗马书5章3-4节）。

"约伯啊，我熬炼你如同大鹰训练雏鹰，为要炼净你如精金，使你离弃动辄怀屈抱怨的小人之心，造就满有爱心与美德的君子情怀、宽大的器皿，从而能够得享更大的福气，使智慧、富贵、权势、名望一应俱全，尽情荣耀我的名。"

约伯通过鹰的比喻即刻领悟到这些意义。

第四十章

远避强辩

1.醒悟自己的卑微

2.约伯醒悟自己过错

3.神以河马的比喻给约伯培植盼望

"你且观看河马。我造你也造它。它吃草与牛一样。它的气力在腰间,能力在肚腹的筋上。
它摇动尾巴如香柏树。它大腿的筋互相联络。它的骨头好像铜管。它的肢体仿佛铁棍。它在神所
造的物中为首。创造它的给它刀剑。诸山给它出食物,也是百兽游玩之处。(40章15-20节)

1. 醒悟自己的卑微

> 耶和华又对约伯说："强辩的岂可与全能者争论吗？与神
> 辩驳的，可以回答这些吧！"（40章1-2节）

辩论是指见解不同的人彼此阐述理由。辩驳是指反驳：提出理由或根据来否定对方的意见。强辩则是指硬辩：把无理的事硬说成有理。辩论会使人情绪激愤，表现为强词夺理地硬辩，对人作出恶意的论断和定罪。

约伯辩驳朋友们，嗤笑他们不是自己的对手，继而向神强辩。他诘问神为何祝福恶人，咒诅像他这样的义人。神对此自然不予理会，只是约伯一个人自言自语地向神辩论，定神的罪。

于是神说："与神辩驳的，可以回答这些吧！" 这并不是要使约伯惭愧。参透约伯内心的神，借以要使约伯进行反思，彻底醒悟自己的卑微。

约伯听见神亲自向他显现所说的话，醒悟自己的不义和罪孽，甚觉羞惭，无话可说。神知道约伯此时的心情，便说："与神辩驳的，可以回答这些吧！"意思是：你现在对我还有什么话可以辩驳没有？神的话一针见血，句句定准，使约伯心服口服。

> 于是约伯回答耶和华说："我是卑贱的！我用什么回答你
> 呢？只好用手捂口。我说了一次，再不回答；说了两次，就

不再说。"于是耶和华从旋风中回答约伯说:"你要如勇士束腰;我问你,你可以指示我。(40章3-7节)

曾经坚称自己为义人的约伯,自从听到神的声音之后,谦称自己为"卑贱"的人。

约伯用神的质问对照自己,认识到自己不过是微不足道的被造物,便对神的提问一句都答不上来。他认识到自己能力如此微乎其微,就连自己身上的病也奈何不了。

并且认识到,人即使家资巨万,学识渊博,名声显赫,神若对他掩面不顾,这一切都将毁于一旦。约伯想到自己一直刚愎自用,企图驳正全知全能的神,便甚觉惭愧,无地自容。因为他深刻醒悟到自己的卑微低贱。

第5节里,约伯说他"说了一次、两次(就不再说)",是指要为自己辩白。意思是:我本想一次、两次试着为自己辩白,但仔细一想,觉得神说的无一不是至理真道,便以手捂口,再不回答。

第7节里,神说:"你要如勇士束腰;我问你,你可以指示我。"意思是:"约伯,你可以把你心中所存的一切不平和不满向我倾诉。"

2. 约伯醒悟自己过错

你岂可废弃我所拟定的？岂可定我有罪，好显自己为义吗？你有神那样的膀臂吗？你能像他发雷声吗？（40章8-9节）

"我许可撒但的试探，使你身患毒疮，你就要废弃我的判断吗？甚至定我有罪，自称为义吗？"——面对神的质问，约伯哑口无言。神曾经在约伯心目中如同影儿模糊。然而神此时真实向他显现，对他说话，他才认识到自己认为神无故试验人是完全错误的想法。我们可以从中吸取三个教训：

第一，约伯因为人良善、公义，所以他不理解自己为何要经受这般残酷的试炼，便开口埋怨神。于是潜藏在约伯心灵深处的本性里的恶，便毫无保留地表露出来。

假如我们处在约伯的境地，会做出怎样的表现呢？诚然信神的人，必然坚定不移地行义，凡事得胜有余。但像约伯这样对神的信仰如影模糊的人，只能踉跄仆倒。诚然信神的人，无论遇到怎样的环境，其善心义举是丝毫不变的。

第二，约伯自称为义，判断神为恶神。

约伯因为坚信自己是公义虔诚的人，所以当疾病缠身的时候，他就认为这是神对他的攻击，便断定神是恶的，神作恶人的后盾。

我们作神儿女的，不可论断、定罪。凡违逆神的禁令而行的就是罪，就是恶。

第三，约伯和亚伯拉罕的对比。

当神令亚伯拉罕献以撒为燔祭的时候，亚伯拉罕本着信心欣然顺从，尽管神并没有给他说明缘由或用意。约伯则不同，当他受毒疮之苦的时候，并没有相信神的美意，反而开口埋怨神。相比之下，可以看出亚伯拉罕和约伯的信心水准大相径庭。

第9节说："你有神那样的膀臂吗？你能像他发雷声吗？"

这里"膀臂"并非指人身上的臂膊，乃是喻指能力。

"约伯，你能像神那样有能力，可以使瞎子看见、聋子听见，哑巴开口，瘸子行走，死人复活吗？你自称为义，定神有罪，那么你想想自己的膀臂能救何人？靠你的手段能发出闪电雷鸣，或显现天上的各种奇事吗？"

你要以荣耀庄严为妆饰，以尊荣威严为衣服；（40章10节）

这里"荣耀"是指深孚众望，博得称颂；"庄严"是指因着博学多才而显得高雅庄重；"尊荣"是指显达尊贵；"威严"则指靠修身养性所打造的非凡气度。

那么，神为何说这些话呢？约伯曾经见多识广，广行善事，从而博得人们的尊敬和赞赏。人们以一睹约伯尊容为荣。

约伯曾经虽然家财俱毁，儿女尽丧，也依然告白："我赤身出于母胎，也必赤身归回。赏赐的是耶和华，收取的也是耶和华；耶和华的名是应当称颂的。"（约伯记1章21节）约伯若是坚持以这般悔改的心志，恒心忍耐，不说怨言，心存喜乐与感恩，必能成就"以荣耀庄严为妆饰，以尊荣威严为衣服"。

但由于身上布满毒疮而发泄心中的恶，这一切便都成为泡影。一个败落的人，他无论怎样炫耀过去的辉煌，也是无人对他景仰钦佩。约伯提及自己过去的尊荣，夸耀自己是个了不起的人物，因此神对约伯说："你要以荣耀庄严为妆饰，以尊荣威严为衣服。"当约伯听到此话时，该多么羞愧呢？

假如一个审判官，起初因断案公明而博得很高的声望和荣誉，后来却因作奸犯科沦为罪人。此时，这个审判官若不承认自己的罪过，反而夸耀自己过去的辉煌业绩，会是怎样呢？必然招致公愤，落得声名狼藉。

同样，约伯若像亚伯拉罕那样信靠仰赖神，恒久忍耐而不发恶，那么他实在是个公义虔诚的人，熬炼也必然很快就结束。约伯若真是内心圣洁完全的义人，根本就不会受那样的熬炼。

当亚伯拉罕领受神献以撒为燔祭的命令时，凭着信心甘心顺服，一点也不觉得痛苦。所信靠的是能叫死人复活的神，还能有什么痛苦呢？于是神称许亚伯拉罕说"现在我知道你是敬畏神的了"，并赐福于他。

人的内心与行为，无论在任何状况中都能保持一致，便可算是完全的义人。这样的人才能配得"以尊荣威严为衣服"。

要发出你满溢的怒气，见一切骄傲的人，使他降卑；见一
切骄傲的人，将他制伏。把恶人践踏在本处，将他们一同
隐藏在尘土中，把他们的脸蒙蔽在隐密处；我就认你右手
能以救自己。（40章11—14节）

约伯一直发出自己满溢的怒气。

"约伯啊，你以为自己无辜受苦，就怒气发作。你可以尽情宣
泄你的怒气，看你能否降服骄傲的人；制伏邪恶的人。"

"把恶人践踏在本处"之意是对方听到约伯的怒言，谦恭自
省，承认错误，并改过自新。那么，约伯恼怒的结果真会如此吗？

约伯向朋友们发怒，宣称自己无辜，指神有错，并谴责朋友们
的不是。但朋友们仍旧对自己的错谬，以及傲慢执迷不悟。约伯指
正他们的言语，他们非但不领受，反而变本加厉地反唇相讥。朋友
们虽然最终哑然无语，其原因乃是他们觉得对约伯说话简直是对
牛弹琴，枉费口舌，与其争论毫无价值。

年轻人以利户称约伯为没有知识的人，并向约伯发出咒诅的
言语。他们听到约伯的训斥，非但没有安静，反而更加激怒。

"约伯，你若真是义人，真的有理，对方岂不心服口服呢？他
们不服，证明你的义不是真义。你的话反而激怒了对方，你甚至遭
到非人的待遇，这个结果不是说明一切吗？敌对你的那些亵慢的
恶人，你若能使他们悔悟并改过，他们自然惭愧得抬不起头来。若
是这样，你不但能救自己，也能救别人。"神就是晓悟约伯这样的

道理。当然这些约伯都做不到。神正在严厉地责备并指正约伯。

第13节里，神对约伯说：你若能"把恶人践踏在本处，将他们一同隐藏在尘土中，把他们的脸蒙蔽在隐密处"，我就承认你为义。但约伯不仅没有那种本事，也没有自救的能力。

在此，我们要从中吸取的教训是什么呢？

当我们面临家庭、儿女、疾病、事业等问题时，唯独把原因归在自己身上，反省自己，发觉错误，方能使一切难处得以化解。不承认自己错误的人，等于是自以为义，他们常常以人为恶，把错误全归结到别人身上。

把错误归到自己身上，是出于对神的信心，能够在盼望中胜过环境。他们因时常查验自己的缺欠，在自己身上寻找问题的原因，所以常蒙圣灵所赐的悟性，得神随时的指引和帮助。

大卫王因押沙龙的反叛而逃亡的时候，一个叫示每的小民咒骂大卫并拿石头砍他。当身边的臣仆要前去杀他的时候，大卫制止他，将一切向神交托。大卫在试炼中，没有埋怨神，只将一切都归咎于自己，从而蒙神丰富的怜恤。神喜悦大卫的这般心志，就赐福与他，使他恢复以前的尊荣，重建繁荣富强的国度。

3. 神以河马的比喻给约伯培植盼望

"你且观看河马。我造你也造它，它吃草与牛一样。它的气力在腰间，能力在肚腹的筋上。它摇动尾巴如香柏树，它大腿的筋互相联络。它的骨头好像铜管，它的肢体仿佛铁棍。"它在神所造的物中为首，创造它的给它刀剑。诸山给它出食物，也是百兽游玩之处。（40章15-20节）

约伯听着神的话，认识到自己的愚昧，便有些沮丧颓靡，在神面前深感亏欠羞愧，不知所措。于是神以河马的比方给约伯慰藉与盼望。

河马栖息于河流中，主要以水生植物为食。河马身体庞大拙笨，别的动物不甚怕它。四肢短粗，利于支撑约2.8吨的体重。

河马爬到岸上觅食，解大便时用短而粗的尾巴飞快地来回摇动，把大便甩得满天飞，不雅的气味四处弥散。饱食后就循着那曾经挥洒遍地的粪便的气味踏上归途。往往一场大雨把排泄物洗刷干净，它们就迷路彷徨。

"它摇动尾巴如香柏树"，这是对河马出去觅食，摇尾甩便，循味归返之情形的形容。

神通过河马的比喻，要晓悟约伯什么呢？

神说河马的威力乃在所造的物中之首，并且暗示能够制服和掌控河马的，是何等强大而威武的能力。就像山野供百兽栖息，给河马提供食物一样，约伯必须依循神的旨意，方能成全心愿，这就是神要晓悟约伯的教训。

它伏在莲叶之下，卧在芦苇隐密处和水洼子里。莲叶的阴凉遮蔽它，溪旁的柳树环绕它。河水泛滥，它不发战，就是约旦河的水涨到它口边，也是安然。在它防备的时候，谁能捉拿它？谁能牢笼它穿它的鼻子呢？"（40章21-24节）

现在河马的栖息地只限于非洲，然而在古代，河马广泛地分布于美洲和欧洲等地，在约旦河的莲叶之下和芦苇丛林中也可寻到它们的行踪。

河水泛滥，约旦河的水涨到它的口边，它也泰然处之，一点都不怕自己笨拙臃肿的身体在洪流中溺亡。

因为神为它设计了庞大的身躯，可以自由浮游的本领。它们还可以潜入水中，捕食水中的鱼类。

"河水泛滥，它不发战，就是约旦河的水涨到它口边，也是安然"，神借此表示约伯也当像河马一样，坦然胜过所面临的试炼。

古代捕猎器具尚未发达，捕获野兽并非易事。尤其像河马这样的巨兽，在它防备的时候，谁能捉拿它，栏圈牢笼它，用绳子穿进它的鼻子呢？

意思是：约伯你若明白神的心怀意旨，警醒防备，试探和患难怎能牢笼你，栓住你。

引 人 归 神 为 圣 的 完 全 正 直 之 人 的 故 事

第四十一章

约伯通过鳄鱼的比喻认识到神的伟大

1.约伯领悟寻见神的方法

2.寻见神的方法

3.可畏创造主神的权柄

4.当留下怎样的足迹

"论到鳄鱼的肢体和其大力，并美好的骨骼，我不能缄默不言。谁能剥它的外衣？
谁能进它上下牙骨之间呢？谁能开它的腮颊？它牙齿四围是可畏的。它以坚固的鳞甲为可夸，
紧紧合闭，封得严密。这鳞甲一一相连，甚至气不得透入其间，都是互相联络，胶结不能分离。

(41章12-17节)

1. 约伯领悟寻见神的方法

"你能用鱼钩钓上鳄鱼吗？能用绳子压下它的舌头吗？你
能用绳索穿它的鼻子吗？能用钩穿它的腮骨吗？（41章
1-2节）

鳄鱼是爬行动物，皮厚带有鳞甲。四肢短，有爪，趾间有蹼，
时而在水中嬉戏，时而上到陆地爬行。因为是神设计创造的产物，
像人一样长有五个脚趾，双目两耳、一个鼻子一张嘴。鳄鱼与鱼类
的区别是：鱼类在海中产卵，鳄鱼则在陆地产卵。

神质问约伯："你能用鱼钩钓上鳄鱼吗？能用绳子压下它的舌
头吗？"人不依靠任何装备，赤手空拳在水中与鳄鱼搏斗且能将它
制伏，这种情形只能在电影中看到。约伯自然没有这种本事，但神
为何明知故问呢？

神要借以使约伯醒悟，他寻求应允的方式，犹如企图用鱼钩钓
上鳄鱼，徒劳无功。约伯一直寻求得见神的路径。但神此时点醒约
伯靠他所采取的那种方式是无法得见神的。

又问："能用绳子压下它的舌头吗？"若能用绳子捆住对方的
舌头，便可止住对方的言语。

"约伯啊，你能控制或止息神降的灾吗？这就像用绳子捆住鳄
鱼的舌头一样难。"

如果说绳子是人出于自义的观念，那么鳄鱼的舌头可以比作

约伯通过鳄鱼的比喻认识到神的伟大

神的权柄。意为约伯凭着自义的绳索要约束神的权柄是不可能的。

论到第2节的内容，神明知约伯不能用绳索穿河马的鼻子，或用钩穿它的腮骨。意思是：你要用绳子和钩子穿鳄鱼的鼻子和腮骨是很难的，照样，你要用非真理的方式叫神"服"他，也是不可能的。想想吧，自己既然无法对付一个被造物，怎能去折服万有的主宰——上帝呢？

《圣经》处处显明我们寻见神的方法。

箴言8章17节说："爱我的，我也爱他；恳切寻求我的，必寻得见。"我们若想寻见神，必须要走出黑暗，进入光明；脱去不义，秉行公义；离弃恶心，活出善道，因为神住在光明、公义和良善中。

> 它岂向你连连恳求，说柔和的话吗？岂肯与你立约，使你拿它永远作奴仆吗？你岂可拿它当雀鸟玩耍吗？岂可为你的幼女将它拴住吗？搭伙的渔夫，岂可拿它当货物吗？能把它分给商人吗？（41章3-6节）

鳄鱼性情凶猛暴戾，无所畏惧，任何一种猛兽闯进领地，它都凶狠地发动攻击。如此残暴的鳄鱼，面对约伯当然也不会乖乖地顺服。

约伯曾宣称神使他这公义完全的人沦为别人的笑谈（12章4-6节）。约伯认为神祝福恶人亨通兴旺，对像他这样的善人倒是咒诅苦待，便向神讨个说法。

就像鳄鱼不可能顺服约伯的支配，神的旨意也不会随着人的意愿而改变。神说约伯不能使鳄鱼听他指令，也不能随意摆布它，借以晓谕约伯的意念和神的意念是大相径庭的。

"鳄鱼岂肯与你立约，顺服你永远作奴仆呢？你岂能像雀鸟任你玩耍呢？"

约伯一直固执己见，一意孤行。

记得我小时候，经常捕获雀鸟用细绳拴住它的腿，跟同伴一起戏耍。现在想起来，那是很残忍的游戏，我们虽然很开心，但对鸟来说，则是极其恐怖而痛苦的伤害。

神要借此点醒约伯待神如同拴鸟玩耍。

第6节以下问道："搭伙的渔夫，岂可拿它当货物吗？能把它分给商人吗？"如今捕猎装备和技术发达，人可以轻松捕杀鳄鱼，作为商品销售，尤其鳄鱼皮可以制作成高档皮包或皮带。但约伯的那个时代，文明还不发达，鳄鱼还没有被人当作猎物。约伯非但无法用枪矛或铁叉刺到鳄鱼的头，就算刺到，对鳄鱼也不会造成致命的伤害。

这是针对人遇到难处，迫在眉睫的时候寻求神；平安稳妥，无忧无虑的时候就远离神所设的比喻。就是说人对待神不可像对待货物，需要的时候迫切寻求，不需要的时候则弃之不顾。这是人心奸邪诡诈的真实写照。

2. 寻见神的方法

> 你能用倒钩枪扎满它的皮，能用鱼叉叉满它的头吗？你按手在它身上，想与它争战，就不再这样行吧！人指望捉拿它是徒然的；一见它，岂不丧胆吗？没有那么凶猛的人敢惹它。这样，谁能在我面前站立得住呢？谁先给我什么，使我偿还呢？天下万物都是我的。（41章7-11节）

未经训练的凡人约伯，根本无法用枪矛或鱼叉穿透鳄鱼的皮，刺穿鳄鱼的头。

"约伯啊，你向我抱屈哀叹，指望用唇枪舌剑攻击我，与此有何区别呢？"

一直以来，约伯肆无忌惮地向神宣泄怨言。于是神想借以使约伯认识到，向创造主神发泄怨言是愚妄之举，如同企图用枪矛或鱼叉刺透鳄鱼的头。

其中所包含的灵意是：无论有信仰还是没信仰，总有一群人遇到难处就抱怨神，无故恨恶、逼迫那些热衷于信仰生活的圣徒们，他们就这样恨神，竟敢向神"射箭"。

针对鳄鱼这一受造之物，人尚且胆战心惊，无力可挡，何况创造万有的神，谁能在祂面前站立得住呢？

谁敢惹动鳄鱼，向它挑战呢？知道水中有鳄鱼，谁敢下水呢？除非有大船引渡，是无人敢为的。

约伯曾经惹动神说：全能者听了我的陈词，若不觉得理亏就可以向我回答。当然神不会因这些话而激动，只是默然听任约伯发泄心中的恶，直到尽显无遗。

约伯从神听到此话时，会得到怎样的启迪呢？

他省悟到自己曾经据理驳倒神的企图是何等的可笑，而且深刻地认识到自己的愚昧和欠缺。且又懂得了怎样寻见神。

第11节说："谁先给我什么，使我偿还呢？天下万物都是我的。"

约伯曾经带着至诚服侍神，按时向神献上燔祭，觉得自己应该得到相应的回报。然而，神告诉他这种想法也是错误的。

我们向神献上收入的十分之一，按时献上感谢礼物、节期礼物、建堂奉献金等，这是理所应当的。神在点悟约伯，神的子民带着感恩的心向神献祭是义不容辞的，不能出于炫耀自己，或得人称赞的目的。神若不赐煦阳和风时雨甘露，农夫耕田怎会有收获呢？

太阳、月亮和繁星都是神为我们所创造的。神已将万有赐给了我们，故我们应当带着感恩的心，甘心乐意向神奉献。

"论到鳄鱼的肢体和其大力，并美好的骨骼，我不能缄默不言。谁能剥它的外衣？谁能进它上下牙骨之间呢？谁能开它的腮颊？它牙齿四围是可畏的。它以坚固的鳞甲为可夸，紧紧合闭，封得严密。这鳞甲一一相连，甚至气不得透入其间，都是互相联络，胶结不能分离。（41章12-17节）

神之所以如此详细讲述鳄鱼的结构，是为了显明祂惊人的权能与威严。要使约伯认识到神的全知全能和至大的权能。并使他醒悟到神是轻慢不得的，人不能对他信口开河。

从第13节起讲述鳄鱼的结构。约伯既不是骁勇善战的猛将，又不是训练有素的捕猎能手，怎能去制伏鳄鱼，剥它的皮，开它的腮颊！

开鳄鱼腮颊是指彻底的制伏，剥鳄鱼的皮是指完全的占有。神表示这些约伯根本做不到。

约伯曾经试图叫神服从他的理，凡事照自己的想法行事，这是极其愚妄之举，宛如企图剥鳄鱼的皮，开它的腮颊。

我们若要所求的蒙神应允，必须脱去这种暗昧变得灵明，遵循神所指定的方法与原则而行。

"有何人喜好存活，爱慕长寿，得享美福，就要禁止舌头，不出恶言，嘴唇不说诡诈的话。要离恶行善，寻求和睦，一心追赶。耶和华的眼目看顾义人，他的耳朵听他们的呼求。……义人呼求，耶和华听见了，便救他们脱离一切患难。"（诗篇34篇12节-17节）

人向神呼求，神必应允，对合神心意的义人，神必向他显现，并且与他同行。神就是晓谕约伯祈求蒙允的蹊径，以及寻见神的方法。

第14节问："谁能开它的腮颊？"开腮颊是指撑开鳄鱼的嘴，就是说无人能够撑开鳄鱼的嘴，因它口中四围长有锋利可畏的牙齿。

约伯听到此话时醒悟到自己要打开神的门不仅甚难，也是件恐惧的事，就像人不敢开鳄鱼的腮颊，因那四围的牙齿可畏一样。开鳄鱼的腮颊之寓意是打开进入神里面的门。神借以使约伯省悟到他之所以打不开神应允的门，是因其选择的路径和方法不对。

我们向神祷告不能一厢情愿地求这求那，也不能坚持自己的主张，首先要掌握打开应允之门的方法与诀窍。

第15节论到鳄鱼坚固的鳞甲，称其"紧紧合闭，封得严密"，"甚至气不得透入其间"。就像鳄鱼坚实的体貌一样，神是毫无虚假，信实可靠，言出必行的神。神借以这种直观的比喻使约伯认识到神的完全。

第16节说："这鳞甲一一相连，甚至气不得透入其间，"这里"气"指的是约伯。藉指约伯其间一直向神抱怨，宣泄刻毒之言。

表示这样的"气"无法透入在一切的事上完全无可指摘的神里面。亦即抱怨、哀叹等属肉的事，是绝不能透入神里面的。

神看人的内心，不取人的外貌。一个人表面上功绩显赫，若其心里没有良善和真理，神未可称许。

3. 可畏创造主神的权柄

它打喷嚏，就发出光来；它眼睛好像早晨的光线（"光线"原文作"眼皮"）。从它口中发出烧着的火把，与飞迸的火星；从它鼻孔冒出烟来，如烧开的锅和点着的芦苇。（41章

18-20节）

"它打喷嚏，就发出光来"，是指打喷嚏的时候，急剧凝聚气息和力量，骤然由鼻孔喷发而释放的现象。

人打喷嚏的时候，在急剧吸气的同时，全身的气力凝聚，随后瞬间喷发而释放，来势甚猛。人尚且如此，何况巨兽鳄鱼打的喷嚏呢？其释放的能量之大，可想而知。

又论到鳄鱼的眼睛"好像早晨的光线"。这里"早晨的光线"比作全新的局面出现，或某种事情兴起的开端。神通过这话要给约伯怎样的启迪呢？

神说鳄鱼打喷嚏，就释放巨大能量；其眼仿佛晨曦所现。约伯借以领悟到：神定意要做的事必然成就，祂所行的事波澜壮阔，惊心动魄。

约伯深悟自己受疾病之苦也是出于神的美意，神无时无刻不在顾念他，并且意识到如同辞去黑夜迎见晨曦，自己迎来了新的起点。

第19节以下说："从它口中发出烧着的火把，与飞迸的火星；从它鼻孔冒出烟来，如烧开的锅和点着的芦苇。"

"从它口中发出飞迸的火星"，是表示鳄鱼口颚之强而有力。人被鳄鱼咬住，必承受如迸火星般的痛楚。

"从它鼻孔冒出烟来"是表示鳄鱼具有惊人的威力，"如烧开的锅和点着的芦苇"是指鳄鱼巨大力量所发的功效。表示烈焰般的巨大杀伤力。

神借此要晓悟约伯这样一个道理：神造鳄鱼并赋予它巨大的力量，人见到它的动作无不胆战心惊。何况在全能公义的审判者——神面前，罪人将承受何等可怕的刑罚。

神若向人发出慈心，人必多得福气，但若发出烈怒，结果则不堪设想。因此我们当知道，人凭着罪身是无法在神面前站立得住。

> 它的气点着煤炭，有火焰从它口中发出。它颈项中存着劲
> 力，在它面前的都恐吓蹦跳。它的肉块互相联络，紧贴其
> 身，不能摇动。它的心结实如石头，如下磨石那样结实。
>
> （41章21-24节）

意思是：鳄鱼喷发气息如火焰，可以点着煤炭。在荒野中碰到鳄鱼，人必魂飞丧胆。人大发雷霆的时候，也会摆出一副可怖凶相，口中喘着粗气，眼中喷着怒火，气得浑身发颤。

此话所包含的意义是：神若发出烈怒，罪人必因自己的罪孽，在神面前恐惧战兢。

鳄鱼的劲力存于颈项，神的能力则存于真理之道中。约伯听着有关鳄鱼的说明，感到畏惧。神向人震怒，无人不恐惧战兢。

然而，在神面前称义的人没有惧怕，他们在仁爱与和平中幸福地度日。人若想在神面前坦然无惧，必须行神眼中看为正的事。

第23节-24节说："它的肉块互相联络，紧贴其身，不能摇动。

它的心结实如石头，如下磨石那样结实。"生动地表现出鳄鱼的强壮结实。

借以表示神所定的旨意如下磨石那样牢实。约伯通过此言醒悟神在他身上所定的旨意是不会更改的，对神的任何抱怨、抗辩，或争闹都是徒劳的。约伯开始学会蒙神应允的方法。

> 它一起来，勇士都惊恐，心里慌乱，便都昏迷。人若用刀，用枪，用标枪，用尖枪扎它，都是无用。它以铁为干草，以铜为烂木。箭不能恐吓它使它逃避，弹石在它看为碎秸，
>
> （41章25-28节）

鳄鱼一旦发起进攻，就是勇士也会惊恐慌乱，无论用什么兵器抵抗都无济于事。无论碰到怎样的对手，鳄鱼都会不遗余力地与其猛烈争斗，被撕裂得血肉横飞也不减斗志而继续搏斗，直至心脏被戳破，气力消耗殆尽。

鳄鱼因鳞皮坚硬，力大无比，即使身体被利刀或枪矛刺中，也不轻易断气。这样，哪个勇士能不怕鳄鱼呢！

不能抗拒鳄鱼的我们，怎能抗拒万军之耶和华全能的神呢？鳄鱼的能力怎能跟神相比！但神仍要以力气位列百兽之首的鳄鱼作比喻来诠释祂的全知全能，是因为除非用这种人所熟知的事物进行比较，人是无法体悟明白属灵的事。

尽管如此，约伯却一直凭借他自己的愚蛮，胆敢在神面前自以

为义，用唇枪舌剑向神发动攻击。这是何等愚妄之举！

神说鳄鱼"以铁为干草，以铜为烂木。箭不能恐吓它使它逃避"，表示鳄鱼无所畏惧。"弹石在它看为碎秸"表示鳄鱼不屑一切攻击。

同样，神定意要行什么事，无所畏惧，无可阻挡。

就像人持刀剑枪矛铁叉对抗鳄鱼一样，约伯以怨言、哀叹、论断和定罪来抗拒神。然而这并没有威慑住神，也未能阻挡神的旨意成就。

人是脆弱的存在，难料世上眼前事。故我们应当向全能的神屈膝，寻求祂随时的指引。不可随从人意，只要靠着恳切的祷告，领受圣灵的引导，按真理而行。

4. 当留下怎样的足迹

棍棒算为禾秸；它嗤笑短枪飕的响声。它肚腹下如尖瓦片，它如钉耙经过淤泥。（41章29-30节）

鳄鱼视棍棒为禾秸，嗤笑人向他抢抢。"尖瓦片"，即碎瓦片，表示毫无价值或贫弱低劣的状态。这如前面所论到的，也是表示鳄鱼强大的力量。

第30节"它肚腹下如尖瓦片，它如钉耙经过淤泥"所包含的意义是什么呢？

约伯肆意论断神，但神并不惧怕也没有必要惧怕约伯的抱怨和哀叹。"钉耙经过淤泥"会留下痕迹，神倒是给约伯留下了权能的"痕迹"——约伯身患毒疮，以致众叛亲离，只剩下孤独和伤痛。

"他把我的弟兄隔在远处，使我所认识的全然与我生疏。我的亲戚与我断绝，我的密友都忘记我。在我家寄居的和我的使女都以我为外人，我在他们眼中看为外邦人。"（19章13-15节）

人生有两种足迹，一是以信为本，活出真理的生命足迹；一是犯罪作恶，留下艰难的人生足迹。我们只要活在真理里面，面对任何事情都不会有惧怕。那些以信为本，信从耶稣基督的人留下了怎样的人生足迹？主复活升天后，初代教会的圣徒们被丢入罗马竞技场中为狮子吞食，或受十字架处刑的时候，依然唱诗赞美神，坦然迎接了死亡。但以理先知明知要被丢入狮子坑，却依然朝着耶路撒冷的方向，一天三次向神祷告谢恩。

然而，犯罪的人若是面临这种光景，就会恐惧万分。他们常经试炼，在愁苦中度日，留下艰难的人生足迹。本文向约伯和我们所显明的教训是：神的儿女应当留下真理的足迹。

> 它使深渊开滚如锅，使洋海如锅中的膏油。它行的路随后发光，令人想深渊如同白发。在地上没有像它造的那样无所惧怕。凡高大的，它无不藐视，它在骄傲的水族上作

王。"（41章31-34节）

想象一下鳄鱼摆着巨尾游水的场面，随后激起大浪，如锅开滚，泛着白沫。

深渊令人生畏，但对鳄鱼而言是个悠游自得的自由乐园。"它使深渊开滚如锅"就是指鳄鱼自由自在地划过水面时水翻浪卷泛沫的情形。

"使洋海如锅中的膏油"，意指深渊对鳄鱼而言是个安舒闲逸并乐享其间的环境，如同膏油散发怡人的香气，给人带来很多裨益。

又谈到"令人想深渊如同白发"。那么，神为何把海水深渊比作白发呢？白发苍苍的老者通常具有丰富的生活阅历，到了豁然达观的境界。就是指阅尽世微，通晓世务之后所得享的自由。

意思是深渊对鳄鱼而言倒是自由乐园。神借以对约伯显明的旨意是什么呢？

"约伯啊，就像鳄鱼在水中畅游，并且从中获益，你只要谨守遵行我的意旨，必在我里面得享自由，大得裨益。"

鳄鱼在水中平安稳妥，自由自在，但一旦上了陆地便不能随心所欲了。若遇到强悍凶猛的捕猎者，必然丧命。

我们若像得水的鳄鱼，谨守遵行神的话语，必能在真理里面得享自由，就像鳄鱼和水相融一样，我们与神合而为一，我们属灵的生命就如"锅中的膏油"散发馨香。

约伯通过此言获得生命的触动和全新的力量，并且醒悟到往后当怎样行事为人。

末节提到："凡高大的，它无不藐视，"意指鳄鱼无所畏惧，死也不怕。凶猛的狮子遇险时知道逃避，但鳄鱼却不然，因为神造鳄鱼，使它不知惧怕。

鳄鱼因凶猛无敌，一切具备，能够"在骄傲的水族上作王"。然而造这鳄鱼的神，乃是万有的主宰，是万王之王，神就是要晓悟约伯这个道理。

约伯一直抱着恐惧感度日，经常担忧害怕儿女们犯罪（1章5节），他曾说"因我所恐惧的临到我身；我所惧怕的迎我而来"（3章25节）。后来毒疮遍身，被妻子唾弃，遭众人嘲弄时，约伯倍感恐惧和愁苦。

在此约伯意识到自己曾经是个动辄担惊受怕的庸俗之辈。虽然在神面前坚称自己为公义，但一经点悟，便明白自己是个缩手缩脚，胆小怕事，无能为力的人，还不如一条无畏的鳄鱼。

环顾周围，我们可以发现这样一群人，把自己的一生全都消磨在虚空无益，暂存即逝，终归乌有的事上追名逐利，勾心斗角，作功名利禄的傀儡，终其一生。约伯也曾与他们没有区别，但他已领悟到属灵生命的真谛，便开始弃肉从灵，活出属灵的生命。

第四十二章

约伯悔改后所蒙的祝福

1. 约伯用谦卑与虔诚告白自己的信仰

2. 约伯撕心裂肺的痛悔认罪

3. 三友向约伯请罪

4. 约伯蒙神加倍的赐福

　　约伯为他的朋友祈祷，耶和华就使约伯从苦境转回（"苦境"原文作"掳掠"），
并且耶和华赐给他的比他从前所有的加倍。约伯的弟兄姐妹和以先所认识的人都来见他，
在他家里一同吃饭；又论到耶和华所降与他的一切灾祸，都为他悲伤安慰他，
每人也送他一块银子和一个金环。这样，耶和华后来赐福给约伯比先前更多。
他有一万四千羊，六千骆驼，一千对牛，一千母驴。（42章10-12节）

1. 约伯用谦卑与虔诚告白自己的信仰

> 约伯回答耶和华说："我知道你万事都能作，你的旨意不能拦阻。谁用无知的言语使你的旨意隐藏呢？我所说的是我不明白的；这些事太奇妙是我不知道的。"（42章1-3节）

其间约伯通过神用比喻陈述的真理之言，彻底醒悟到自己的过犯、不义和罪孽，并且认识到神的权能与大爱，以及神向他所怀的美意。

"我知道你万事都能作"，是指着神的全知全能而言的。这是约伯用谦卑与虔诚说出的信仰告白。

此时约伯对神的信心是发自内心的，这与过去的信心状态是截然不同的。以前约伯对神的信仰是靠祖传的信息所建立起来的，但因未曾经历神的缘故，未能具备真正的信心。面对突如其来的患难、难以承受的苦痛，约伯开始咒诅自己的生日，向神宣泄怨言。

然而，当神向他显现，用智慧的言语进行开导的时候，约伯终于明白了蕴含在天地万物中的神奇妙的旨意和大爱。并且感悟到神允准他受这巨大试炼的美意。于是带着确信表白自己的对神的信仰——"我知道你万事都能作！"

约伯承认自己曾经用无知的言语歪曲神的美意。他向神坦白自己曾经自鸣得意，高谈阔论那些靠自己的悟性所无法明白，难以测度的事。

约伯以"用无知的言语使你的旨意隐藏"坦白自己曾经抱着愤懑情绪，开口非难、抱怨、哀叹，曲解妄言神的心怀旨意的过犯。

我们不能重蹈约伯的覆辙，违逆神旨，恣意妄为。为此必须领受所赐的圣灵，在圣灵里面思想神的话语，不住地祷告，获得属灵的智慧，能以清楚分辨神的旨意。从上头来的智慧，是清洁，和平，没有偏见，没有假冒，故领受属灵智慧的人不会肆意论断、定罪，从而常在神的慈爱与恩典里面，能够智慧地应对每一件事情。

2. 约伯撕心裂肺的痛悔认罪

> 求你听我，我要说话；我问你，求你指示我。我从前风闻有
> 你，现在亲眼看见你。因此我厌恶自己（"自己"或作"我
> 的言语"），在尘土和炉灰中懊悔。"（42章4-6节）

可见此时约伯对神的态度大有转变，一反以前向神信口开河，宣泄刻毒之言，开始以谦卑的口吻，郑重其事地向神提问。约伯经过熬炼得见神的面，变得谦卑，懂得虚心地寻求神的点悟。

约伯说"亲眼看见你"，并非指神本体的形像向他显现。只是灵里与神交感相应，对话沟通。

约伯依着从祖辈所风闻的有关神的知识，按时献祭服侍神。因为没有得见神的切身经历，当试探、患难临身，家破人亡时，他的

信仰底线轰然坍塌，转而愤然抗拒神。然而此时亲身经历神的约伯，心中无比地感慨，真诚的信仰告白从他的心底里流露。

受熬炼之前，约伯虽然信神，但那信心只停留在知识的层面上；行事为人虽然正直完全，但那只是出于修身养性的价值取向；他虽然顺从神，向神献祭，但没有做到神的心意上。他只是在行为层面上表现得无可指摘，并没有荣耀神的名，作神的见证，得神的喜悦。然而通过熬炼，约伯改变成遵行神旨意的名副其实的神的子民。由此看来，至此所受的熬炼，对约伯乃是极大的福气。

第6节说："因此我厌恶自己（"自己"或作"我的言语"），在尘土和炉灰中懊悔。"表示撕心裂肺的痛悔和彻底的改过。只在口头上说"主啊，我错了"，这不叫撕心裂肺的悔改。

约伯因得见神，又亲身经历神的恩典，便对自己过去的所作所为甚觉惭愧，从而抱着亏欠的心情在神面前进行忏悔。

约伯彻底悔悟过去的罪过，以谦卑的心向神认罪。我们也当省察自己，是否因着灵里无知，对神任意妄言，恣意妄行，得罪神。若想起有什么罪的隔墙使自己与神隔绝，就当以谦卑的心诚然向神忏悔，寻求神的怜悯与饶恕，做一个聪明的神的儿女。

3. 三友向约伯请罪

耶和华对约伯说话以后，就对提幔人以利法说："我的怒
气向你和你两个朋友发作，因为你们议论我不如我的仆人
约伯说的是。（42章7节）

以利法任意妄称约伯遭难是因作恶受神的咒诅所致。他自
作审判官，藐视约伯，对他百般地抨击，斥责，定罪（参照4章
和5章）。

神命令我们不可论断、定罪。本应带着爱心，依照真理劝导
约伯的以利法，却违逆神的命令，用刻毒的言语抨击约伯，定他有
罪。尽管自己不十分明白神的道，信仰上存在很多误区，却要指正
约伯，好比自己眼中有梁木，却只会看见别人眼中有刺。

听到以利法的劝责，约伯非但不肯领受，反而情绪愈发高涨。
于是在旁观看的比勒达起来，试图用高深的智慧劝化约伯。

比勒达曾对约伯说："请你考问前代，追念他们的列祖所查究
的。"（8章8节）就是劝他不要刚愎自用，要学习先人或别人的优
点，改过自新。此话乍一听似乎有理，但其实是不对的。唯独《圣
经》是人可鉴察自己的反光明镜、真生命的道路。通过《圣经》上
的信心的楷模——古人先知们的生平行迹，才能全面而准确地领
会关乎生命的一切真理。

约伯不屑朋友之言，嗤笑他们说的净是谬论，琐法在旁忍无可

忍，愤然开口与约伯辩论。然而琐法的作法也不合乎真理。别人多嘴，自夸，指责，就以同样的方式对付别人，便是泾渭不分，一丘之貉。琐法毫不留情地斥责约伯为恶人、不敬虔之辈。

约伯三友的所谓的劝勉中有很多部分是不合真理、不合神旨意的。他们对神熬炼约伯的缘由茫然无知。其实神爱平生一心向善的约伯，要把他炼净，使他成为更加圣洁完全的人。

通过熬炼，约伯内心深层的恶，就是受祖辈的遗传，潜在于本性里，他自己也未曾发觉的原罪，毫无保留地呈现出来，使他醒悟到自己灵里的无知，并清晰发现自己心里的骄傲、抱怨等属性。他若把这些都从心里除净，就可以造就属灵的心，全然成圣。

神预知约伯会通过熬炼，心意更新而变化，成为合神心意的圣洁之人，便为他预备了比先前更大的福气。约伯的朋友们对这一神的旨意茫然无知，只凭着眼前的光景就对约伯妄加论断、定罪、斥责。

神向约伯的三友震怒，责备他们对神的议论不如约伯有理。他们自己不行真理，反倒要指正约伯，如同那些严格的律法主义者。他们所谓的真理的劝勉，反而给约伯带来更大的愁苦和悲痛。于是神责备他们，使他们醒悟自己犯了比约伯更重的罪。

如今的我们也当借以鉴察自己。很多人像约伯的三友一样，自己不遵行真理，反倒论断别人，指责别人，定人的罪；他们专爱挑别人的刺，却浑然不知自己眼中有梁木。

现在你们要取七只公牛，七只公羊，到我仆人约伯那里去，为自己献上燔祭，我的仆人约伯就为你们祈祷。我因悦纳他，就不按你们的愚妄办你们。你们议论我，不如我的仆人约伯说的是。"（42章8节）

神不但指出约伯三友的罪，还告诉他们罪得赦免的方法。就是取七只公牛，七只公羊，到约伯那里去，为自己献上燔祭。神叫他们"为自己献上燔祭"，而不是为神献上燔祭，是因为他们这样做才能疏解约伯纠结的心，得到约伯的宽恕。这样约伯就可以向神献上专心恳切的代祷，他的祷告便蒙垂听，神就赦免他朋友的罪。

第8节说："我因悦纳他，就不按你们的愚妄办你们。"取七只公牛，七只公羊献燔祭，意味着以纯全的心献赎罪祭。七是代表完全的数目，故此意为：向神悔改的人要尽心竭诚地做出真实的悔改，形式上的悔改是神不接受的。

向他们晓谕悔改的方法，并叫他们到约伯那里去，其缘由是什么呢？因为若没有约伯替三友代求，他们对约伯论断定罪的过犯绝不能得神的饶恕。朋友们先向约伯请罪求得和解，然后约伯为其三友的罪向神祈求，神就可以赦免他们的罪，因为义人的祷告是大有功效的。

约伯的三友暗昧无知，口出谬言妄语，注定受神的管教，然而神通过这种方式把他们的罪给赦免了。

论到约伯，神喜悦他所献的燔祭，因为他经过火炼的试验，造就了更为纯全的品性。

经上说"义人祈祷所发的力量是大有功效的"（雅各书5章16节），可见与神所认可的义人同在，乃是一种大福气。当走出埃及的以色列百姓犯了大罪，神要灭杀他们的时候，摩西替他们认罪并向神代求，于是神垂听了摩西的祷告，转意不灭悖逆的百姓。这就是义人的祈祷打动神心的典型例子。

当但以理替自己的祖国认罪悔改，向神禁食祈祷时，神也向他启示将来必成的事。

4. 约伯蒙神加倍的赐福

> 于是提幔人以利法、书亚人比勒达、拿玛人琐法，照着耶和华所吩咐的去行，耶和华就悦纳约伯。约伯为他的朋友祈祷，耶和华就使约伯从苦境转回（"苦境"原文作"掳掠"），并且耶和华赐给他的比他从前所有的加倍。约伯的弟兄姐妹和以先所认识的人都来见他，在他家里一同吃饭；又论到耶和华所降与他的一切灾祸，都为他悲伤安慰他，每人也送他一块银子和一个金环。（42章9-11节）

在神面前，听命胜于献祭，约伯的三友听了神的吩咐就照着行。约伯慷慨接纳朋友道歉，向神献上公义的祈祷，神就悦纳，他们便同受福气，常蒙神的同在。

约伯为他的朋友们祈祷，神就使约伯脱离苦境，并且赐给他比先前加倍的祝福。就是说约伯因认识神的慈爱与公义，宽恕自己的朋友不再仇恨视之，并为他们恳切祈祷，神就赐福与约伯。

神动工医治约伯，约伯便立刻痊愈，而且得到了比先前加倍的祝福，复又成为首富。受试炼之前，约伯曾是东方首富，现在又获得加倍的赐福，其财富之巨，难以想象。

约伯家又恢复了往日的繁荣，那些在约伯受熬炼之时讥笑、逼迫、唾弃约伯的人们，又重新前来投靠约伯。约伯通过熬炼感悟神的慈爱，得知神的旨意，便能以真挚的爱心去善待那些曾经对他怀恨、非难、咒骂的人们。人若达到爱仇敌的信仰境界，便是以基督耶稣的心为心。用这样的心怀待人，甚至可以使仇敌屈膝赔罪。

企图以武力征服世界的人们，只给人类带来了悲伤与痛苦。然而耶稣以爱完全了律法。我们应当效法基督的爱，具备容人之雅量，能够宽容所有的人。

这样，耶和华后来赐福给约伯比先前更多。他有一万四千羊，六千骆驼，一千对牛，一千母驴。他也有七个儿子，三个女儿。他给长女起名叫耶米玛，次女叫基洗亚，三女叫基连哈朴。在那全地的妇女中，找不着像约伯的女儿那样美貌。他们的父亲使她们在弟兄中得产业。此后，约伯又活了一百四十年，得见他的儿孙，直到四代。这样，约伯年

纪老迈，日子满足而死。（42章12-17节）

如今富有的标准在于积累了多少钱，然而约伯那个时代，富有的标准则在于拥有多少家畜。饲养这么多的家畜，约伯拥有多大的地产，可想而知。神恩常相随，牲畜孳生繁盛数量猛增……约伯的前景一片美好。

在古时候，多子多孙，人丁兴旺是有福气的体现。神赐约伯三个女儿，世上找不出一个女子，如她们那般美丽，这足以安抚约伯从前失丧儿女之悲伤。约伯甚喜爱这三女，使她们在弟兄中得产业，可见她们给约伯带来了满足的喜悦。

得到神的宽恕与祝福之后，约伯"又活了一百四十年，得见他的儿孙，直到四代"。表明约伯在世的岁月里，享尽了地上一切的美福。

本书已进入尾声，在此要做一下总结。

生活在属灵的世界——伊甸园的亚当，自从悖逆神的命令犯了罪，被逐出伊甸园到这地上之后，神耕作人类的工程便拉开了帷幕。经上表明：神在这地上撒种，到时把麦子收在天国的仓里，把糠用不灭的火烧尽了；这里"种子"是人类，"麦子"是模成神形像的圣徒，"糠"则是不信神的人，"不灭的火"是地狱的火。

神在地上耕作人类，直至祂所定的日子，旨在获得从内心里爱神，敬畏神的真正的儿女。

敬畏神在乎恨恶邪恶，爱神在乎遵行神的诫命。神所认可的成圣的境界，就是离弃行为上的罪——情欲的事，以及意念上的罪——肉体的事，进而发现并除净本性里的恶。这才称得上是模成了主的心。

只要通过火热的祷告，与罪相争，抵挡到流血的地步，竭力发现并离弃罪恶，必能领受神的恩典与能力，以及圣灵的帮助。便可借助属天的力量，顺从圣灵生出灵心（约翰福音3章6节），渐渐成长为属灵的人，甚至全灵的人。

约伯记细致入微地剖析揭示潜藏于人内心深层，人自己所无从发觉的本性里的恶。从中我们可以得知神通过约伯及其朋友的表现，淋漓尽致地揭露人深藏在本性里的各种负面心理，并将此详细记录在《圣经》中。

但愿阅读此书的读者，能够发现并除净自己深层本性里的恶，以至模成主心，全然成圣，成为属灵的人，满得神的祝福。

属肉的人　属灵的人(下)
Man of Flesh, Man of Spirit II

本书所引圣经经文取自《现代标点和合本》

作　　者: 李载禄
编　　辑: 宾锦善
设　　计: 乌陵出版社设计组
发　　行: 乌陵出版社 (发行人: 宾圣男)
印　　刷: 艺源印刷厂
出版日期: 2007年 4月初版 (韩国, 乌陵出版社, 韩国语)
　　　　　2013年 6月初版 (韩国, 乌陵出版社)

Copyright © 2013 李载禄博士
ISBN 978-89-7557-773-4
ISBN 978-89-7557-510-5(set)
Translation Copyright © 2012 郑求英博士

问 讯 处: 乌陵出版社
电　　话: 82-2-837-7632 / 82-70-8240-2072
传　　真: 82-2-869-1537
E-mail: urimbook@hotmail.com

旧约时代大祭司为了求问神的旨意而使用的决断胸牌"乌陵", 希伯来语意为"光" (出28:30)。"光"就是神道, 即为生命。乌陵出版社为了用真光照亮整个世界, 如今正在以祷告和赤诚, 奔跑在文书宣教的前沿。

www.ingramcontent.com/pod-product-compliance
Lightning Source LLC
Chambersburg PA
CBHW030357130626
46549CB00004B/1524